MÉMOIRE

SUR

MON EXISTENCE CONJUGALE,

DEPUIS

L'ÉPOQUE DE MON MARIAGE

JUSQU'A CE JOUR

1er Novembre 1846.

DÉDIÉ A MES ENFANTS.

PARIS,

IMPRIMERIE DE CHASSAIGNON,

RUE GIT—LE-COEUR, N° 7.

1846.

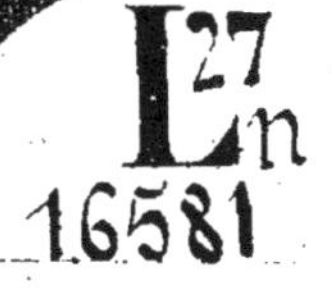

MÉMOIRE

SUR

MON EXISTENCE CONJUGALE,

DEPUIS

L'ÉPOQUE DE MON MARIAGE

JUSQU'A CE JOUR

1er Novembre 1846.

(Par Poulain, v. p. 9°)

—

DÉDIÉ A MES ENFANTS.

PARIS,

IMPRIMERIE DE CHASSAIGNON,

RUE GIT-LE-COEUR, N° 7.

—

1846.

MÉMOIRE

SUR MON

EXISTENCE CONJUGALE,

DEPUIS

L'ÉPOQUE DE MON MARIAGE,

JUSQU'A CE JOUR

1er NOVEMBRE 1846.

Lorsqu'on aura lu ce mémoire, on sera convaincu qu'il ne suffit pas qu'une femme soit fidèle à son mari, et bonne femme de ménage, pour que ce ménage soit heureux; les dédains, les mépris, et surtout les déconsidérations de sa femme qui vous est fidèle, sans vous aimer, sont bien durs à supporter. C'est donc à vous, mes enfants vous quatre, issus de ce mariage, que je m'adresse; vous savez qu'il faut un terme à tout, eh bien! ce terme est arrivé, je veux vous parler de mon intérieur de ménage avec votre mère. Voilà vingt-neuf

années de ma vie que son caractère indomptable et incomparable me fait passer
dans des épreuves de peines, de chagrins
et de tribulations, intérieur difficile à dé-
crire, je sais que ce n'est pas pour vous
chose nouvelle, et la force des circonstances m'oblige pourtant à vous en entrete-
nir encore.

Ces vingt-neuf années si malheureuses
de ma vie se divisent en trois périodes
distinctes : Les sept premières années
forment la période principale, en ce que
c'est d'elles que découlent les autres ; les
huit années suivantes forment la deuxième
période, moins intéressante, parce que ne
l'ayant employée qu'à en cacher les circonstances à tout le monde, pour m'en
réserver toute la peine à moi seul, moi
seul en connais les souffrances, et enfin,
les quatorze dernières années qui forment
la troisième période.

Ces vingt-neuf années de malheur, je
les ai supportées tant que j'ai pu croire
que toutes ses injustices, à mon égard,
tenaient à sa nature ; car chez elle pour
le bien comme pour le mal c'est la nature
seule qui agit, le raisonnement jamais ;
mais pourtant aujourd'hui, et depuis qua-

torze ans que je vois que je suis victime
d'un indigne stratagème et d'une noire
mauvaise foi, je ne puis l'endurer plus
long-temps; aujourd'hui que je vois que
rien ne lui coûte pour se soustraire aux
justes reproches que je ne lui ferais jamais
si elle ne m'y forçait, par tant de maux
qu'elle me fait endurer quotidiennement,
et plus encore, depuis que j'ai cédé mon
établissement à Alexandre, je ne puis plus
y tenir, et je veux une autre existence.
Il est urgent d'abord que vous soyez bien
pénétrés de tout l'odieux de son système
qui, du reste, n'est pas maladroit, et je
conçois facilement les motifs qui la font
agir; elle met autant d'opiniâtreté à sortir
blanche comme neige de la position où
nous nous trouvons, et que vous connaissez, en m'accablant de tout le blâme, que
j'en mets, moi, à prouver le contraire,
seulement pour convaincre, je ne m'ap-
puie que sur des faits armés de leur vérité,
que lui faut-il, au contraire, à elle, pour se
donner raison? Une seule chose, ne rien
dire de vrai, et surtout ne rien dire de
ce qui s'est passé dans notre intérieur pendant les sept premières années de notre
ménage; ces sept premières années qui

forment la première période de mes vingt-
neuf ans de malheur! car c'est là, surtout,
qu'il faut toujours porter toute son attention, et tous ses subterfuges ne sauront
détruire cette vérité, que c'est ce laps de
temps qui est l'âme vivante de tout le
reste; donc, elle sait qu'il lui faut avoir
bien soin de renier les premiers aveux,
que la vérité, une seule fois, a laissé échapper de sa bouche, au jour même où son
imprudence m'a forcé à lui tout apprendre
cette si grande vérité qui lui faisait dire
en m'embrassant elle-même la première,
pour la première fois de sa vie : *non, je ne
puis pas t'en vouloir, tu n'étais pas coupable;* pesez bien ces paroles, et répétant
quelques jours après. à Mme Paillesse :
*oui, je sais que j'étais bien boudeuse, il a
dû bien souffrir,* entendez-vous , *il a dû
bien souffrir?* Ce peu de paroles en dit plus
que quinze pages d'écriture ; malheureusement pour elle, peut-être plus encore que
pour moi, elle les rétracte aujourd'hui.
L'énorme conséquence de ces aveux pleins
d'une si grande vérité l'a effrayé ; elle a
craint de fléchir sous son poids, elle a eu,
et elle a bien tort, car, pourvu qu'elle ne
les renie pas, j'étais et je serai toujours

bien disposé à ne jamais lui en faire le moindre reproche, mais non, elle n'a pas eu plutôt proféré ces paroles, qu'elle s'est dit : Mais si je laisse croire que mon mari n'a pas été coupable, que je ne puis pas lui en vouloir, que j'étais bien boudeuse, qu'il a dû bien souffrir, que dira le monde, et surtout que diront mes enfants, ils me demanderont pourquoi as-tu fait comme cela, si tu avais fait autrement, notre père aurait donc pu ne pas dévier de la ligne de conduite qu'il s'était tracée en t'épousant? Tu aurais donc pu, *si tu n'avais pas été boudeuse,* si ton caractère ne *l'avait pas fait bien souffrir,* le retenir près de toi, pour toi, pour nous, faire qu'il ne lui soit jamais venu à l'idée de porter ses regards vers une autre, tout ce qui est arrivé de malheurs et de peines ne serait donc pas arrivé, votre maison, déjà si florissante malgré les soucis qui ont dû énerver le courage de notre père, aurait donc pu avoir été, depuis que vous êtes mariés, un séjour de bonheur ! Oh! ma mère, que tu es fautive ! Encore ici, à votre égard, elle vous a mal jugé, car je suis persuadé que vous ne lui auriez jamais adressé ces reproches, vous auriez

fait comme j'aurais fait, comme je ferais
encore , vous l'auriez plaint et aimé
davantage, c'est donc pour s'éviter ces reproches de votre part, et afin que vous me
les adressiez, qu'elle persiste depuis ce
moment, et plus encore maintenant que
jamais, à renier ces aveux, c'est pour cela
qu'elle prend tant de soin à ne vouloir
jamais parler des peines et des angoisses
si dures qui se sont passées dans notre
intérieur, pendant les sept première san-
nées, et quand elle est obligée d'en parler, elle cherche à en raccourcir la durée
et à en dénaturer toutes les circonstances; aucune citation controuvée, aucune
dénégation des plus grandes vérités ne
lui coûtent plus maintenant; c'est ainsi
qu'elle ne craint pas de me dire la preuve
que nous ne faisions pas si mauvais ménage, c'est que, durant cette époque, des
voisins pourraient constater qu'on nous
voyait quelquefois nous promener dans la
rue bras dessus, bras dessous, quel com-
ble d'injustice et de noirceur, comme si
elle ignorait lequel de nous deux produi-
sait à chaque instant ces réconciliations,
après lesquelles, effectivement, je me
trouvais si heureux et si fier de faire

croire à tout le monde, et de me faire
croire à moi-même qu'elle allait enfin me
comprendre et revenir à de meilleurs
sentiments pour moi; comme si il lui serait possible de dire, sans faire le plus
affreux mensonge, que durant ces sept
premières années, il lui soit arrivé une
fois seulement, une fois, c'est dire peu,
d'avoir ramené la paix dans notre ménage, en revenant la première, comme
si elle pouvait avoir oublié que ces réconciliations, malheureusement si souvent
répétées, n'étaient jamais que le résultat
des avances que m'inspiraient mon amitié et mon amour si profond et si dévoué,
et en même temps si respectueux pour
son ingrate personne; et encore, après
combien de temps venais-je à bout d'obtenir ce semblant de réconciliation de sa
part? que d'allées et venues pour obtenir un de ces regards, que d'humiliations
dévorées par des réponses sèches, fières
et dures, ou un silence accablant; combien de pardons demandés sans avoir rien
fait que de m'être plaint de ses duretés à
mon égard; ces bouderies si injustes
pour moi qui l'aimait tant, ce n'était pas
par heure qu'on pouvait compter leur

durée, ni même par jour, mais souvent
par huitaine et même par quinzaine.

Puisque je viens de parler de Mme Pal-
liès, il est bon que je vous cite la réponse que me faisait un jour M. Paillès,
alors qu'à peine j'avais trois ans de ménage, et ne sachant déjà plus à quel saint
me recommander, je lui demandais des
conseils comme étant l'ami intime de leur
famille. Eh! bon Dieu, que voulez-vous
que je vous conseille? Cette femme, en
parlant de Mme Taveau, *cette femme a
pourri cette enfant à force de la gâter.*
Elle soutient encore un argument em-
preint de la plus affreuse fausseté : elle
dit qu'après deux années de mariage, j'a-
vais fait des offres à une bonne; certes,
elle m'abreuvait de peines assez aiguës
pour que bien d'autres à ma place n'eus-
sent pas pu même attendre deux ans. Et
il est pourtant bien vrai, que plus de cinq
années de souffrances s'étaient écoulées
avant qu'il ne me vienne à la pensée
d'employer ce moyen, que je n'ai réalisé
que longtemps après bien des hésitations
et bien des avertissements, pour la mettre
à même d'aller au-devant.

Elle dit encore pour détruire la trace

de cette époque qui lui pèse, parce qu'elle
sait bien que ce n'est que cette époque de
ces sept premières années qui a donné
naissance à toutes les circonstances des
autres époques, elle dit encore : tout le
monde remarquait bien que nous étions
toujours à nous embrasser, oui, moi, mais
elle, qu'elle ose donc dire à la face de
Dieu, *qu'une seule fois* sa bouche soit
venue la première embrasser la mienne;
oui, je l'embrassais du matin au soir, je
la comblais, comme je viens de le dire,
des plus tendres, {des plus affectueuses,
et en même temps respectueuses caresses, mais elle, jamais. C'est pendant
ces sept premières années que vous prîtes
naissance : eh bien, elle s'en arme encore pour dire qu'apparemment nous
nous aimions. Oui, il y en a un dont l'a-
mour pour l'autre produisit votre naissance ; mais j'étais l'un et elle était l'autre. Qu'elle se rappelle comment elle ré-
pondait à mes avances ; mais laissons ces
détails étranges dans la bouche d'un père
qui parle à ses enfants, et sans parler
encore de ses mépris et de ses dédains
pour moi, un mot de consolation dans
mes peines, dans mes revers. Un mot

d'encouragement est-il sorti de sa bouche pendant ce temps? Jamais. Au lieu de cela, contradictions continuelles; ma personne déconsidérée par elle à chaque instant du jour.

Non, non, c'est cette époque, ce sont, je ne saurais trop le répéter, ces sept premières années de notre mariage qui font toute la force de ma cause et la faiblesse de la sienne; et c'est bien pour cela qu'elle n'en veut pas parler, ou qu'elle n'hésite pas à en détruire le vrai.

Maintenant, quand je n'aurais pas pour moi tant de vérités à invoquer, les probabilités ne sont-elles donc pour rien dans le jugement qu'on peut porter sur un homme? La société, et surtout la famille, est-elle donc si bornée qu'elle ne sache distinguer, par l'ensemble de sa conduite, l'homme honnête et vertueux mais malheureux, de l'homme méprisable qui, dédaignant les tendres caresses, ou au moins les marques d'amitié de sa femme, qui lui prouve chaque jour qu'elle l'aime, ne sait qu'obéir à ses passions et à son mauvais penchant pour le vice, en allant chercher dehors ce qu'il a chez lui?

Mais vous, mes enfants, voyons, si cela est, dites-le moi : votre père, par la conduite que vous lui avez vu tenir, vous est-il jamais apparu sous les traits du misérable que je viens de vous peindre? Je ne puis le penser, et votre mère aura beau vouloir vous le persuader, vous ne la croirez pas.

C'est là où est tout l'odieux de son intention : c'est qu'elle veut faire croire qu'elle a tout fait comme une bonne femme, une bonne mère, une véritable mère doit le faire pour retenir son mari au foyer domestique, le retenir pour elle et pour l'heureux avenir de ses enfants; je lui demande devant Dieu, l'a-t-elle fait? Elle dit : j'étais froide d'amour; mais, bon Dieu! n'y a-t-il que de l'amour charnel pour prouver à son mari qu'on l'aime? De tout ce qu'une femme peut faire, autre que l'amour, pour prouver cette amitié et la considération qu'elle a pour lui, en a-t-elle jamais rien fait, qu'elle le dise? Pendant ces sept années, une seule fois c'est bien peu, eh bien! lui est-il arrivé une seule fois de me donner raison dans les discussions que je pouvais avoir avec des tiers? Toujours, au contraire, les autres avaient raison et moi tort. Si je me tourmentais sur le résultat d'une affaire, m'a-t-elle jamais une seule fois dit : tu as fait ce que tu as pu, eh bien, ne te tourmentes donc pas ? et puis, lorsque par cet épanchement pour elle, que je n'ai jamais pu retenir, je venais pour lui faire partager la joie d'une bonne affaire que j'avais faite, lui est-il jamais arrivé une seule fois de me faire voir qu'elle m'approuvait, en me disant : je suis contente, tu as bien fait de faire cela? Jamais; au contraire, sa réponse favorite était de dire : avantageuse, c'est ce qu'on verra plus tard. Un mouvement de cette amitié si naturelle et sans amour, l'a-t-il jamais porté à venir m'embrasser la première? le mot mon ami est-il jamais une seule fois sorti de sa bouche? un mot d'encouragement, me l'a-t-elle jamais adressé? Si des gênes d'argent m'ont obligé quelques fois à m'en inquiéter, un mot de bonne grâce et de consolation de sa part est-il venu une seule fois rassurer ma crainte? Bien loin de là, je ne venais jamais lui compter un conseil sans qu'elle trouve à m'en forger un autre. Ce n'est donc pas la froideur de ses sens que je

lui reproche, mais bien seulement a
froideur et la dureté de son cœur pour
moi. Lorsqu'enfin elle est obligée de convenir que notre ménage était loin d'être
heureux pendant ces sept premières années, elle trouve un autre expédient :
elle dit que j'avais un caractère tellement
emporté et coléreux, qu'il n'était pas possible de vivre avec moi. Peut-on pousser
aussi loin l'injustice et la dureté de l'âme !
Oui, certes, je ne nie pas que j'aie un caractère vif, et c'est précisément ce qui
prouve la retenue qu'il m'a fallu mettre
pour endurer toutes les peines de cœur
et les humiliations qu'elle m'a prodigué
pendant ces sept années, sans me jamais
porter à aucun excès. Dieu m'est témoin
si je suis jamais rentré chez moi avec la
moindre intention de lui chercher que-
relle, comme si elle ne savait pas bien que
lorsque mon cœur déchiré se plaignait,
ce n'était jamais que pour lui peindre combien je souffrais de ne pouvoir me faire
aimer d'elle; elle taxait d'emportement et
de colère tout ce que la conviction la plus
profonde pouvait inspirer de raisonne-
ments, tous plus convainquants les uns
que les autres, au cœur d'un honnête

homme. Lorsque le jour et souvent même une partie des nuits, je les passais non pas à lui adresser des paroles insultantes ou des mauvais traitements, mais souvent en chemise au pied de son lit, la suppliant, au contraire, avec effusion et amitié, de prêter enfin l'oreille à mes conseils, à mes avertissements, quand je lui disais : Je t'en conjure, évite l'orage qui nous menace, peut-être plus tard il ne serait plus temps, si tu ne le fais pas pour moi, fais-le pour nos enfants, crois-tu donc agir en bonne mère en travaillant à les priver de l'appui de leur père. Voilà ce qu'elle appelle des emportements, des colères, et pourtant il m'était souvent arrivé d'avoir parlé pendant deux ou trois heures, jusqu'à ce que ma bouche en vienne aride et sèche, et sans lui avoir adressé la moindre injure grossière, ni aucun mauvais traitement, si ce n'est que je lui avais peut-être dit deux cents fois, que je n'aimais qu'elle, que je ne voulais aimer qu'elle, mais qu'elle prenne au moins pitié du mal qu'elle me faisait endurer ; quelquefois j'obtenais, en lui tournant avec mes deux mains la tête de mon côté, qu'elle tende enfin sa joue pour me laisser l'embrasser,

mais plus souvent encore je n'obtenais
rien, qu'un silence accablant, et il me fallait, pendant plus ou moins de jours à
la suite, sortir de la maison et rentrer à
la maison sans qu'elle daigne jeter un regard sur moi, ni m'adresser une seule
parole, c'était alors que n'y pouvant plus
y tenir, je prenais le parti de me supposer
des torts, afin de pouvoir lui demander
pardon ; ce moyen flattait son caractère
entier, et enfin elle se déridait un peu, et
elle consentait à me laisser me repaître
du plaisir que je prenais à la combler de
caresses, voilà quels étaient toujours les
résultats de ces colères et de ces emportements dont elle se plaint, et qui aurait
fait le bonheur de tant d'autres femmes
si bonnes pour leurs durs et ingrats maris.

Mais après tout, si j'eus été d'un caractère assez difficile, assez désagréable pour
qu'on ne puisse vivre avec moi, mais vous,
mes enfants, ne vous en seriez-vous pas
également sentis? J'aurais été grondeur,
je vous aurais corrigé mal à propos, mais
elle-même, comment sa raison ne lui dit-
elle pas: mais si ton mari avait été si difficile à vivre, t'aurait-il laissé prendre ce
degré de maîtrise, que tout le monde te

connaît dans la maison, dépensant ce que
tu veux et achetant ce que tu veux sans
aucun contrôle, faisant les invitations à
qui bon te semble, ton mari ne passant
ses moments de loisir, dimanches et jours
de fête, qu'avec ta famille, préférant la
société journalière de ton frère à toute
autre, n'ayant que des paroles paternelles
et amicales à adresser à l'enfant que tu as
eu de ton premier mariage; mais ta propre
mère qui t'idolâtrait tant, aurait-elle eu
les rapports amitieux qu'elle n'a cessé d'a-
voir avec ton mari pendant ces sept premières années. Si elle avait reconnu qu'il
était impossible de vivre avec lui par son
caractère injustement coléreux et emporté, elle reconnaissait bien au contraire qu'elle avait mis la main sur le seul
homme peut-être qui eût été capable de
résister à de pareilles épreuves de cœur.
Ne te rappelles-tu donc pas que tout dans
ton mari descellait l'amour si profond qu'il
avait pour toi, n'entends-tu pas encore ta
mère, à toi, ta mère, lui dire à chaque
instant : eh! mon Dieu, n'ayez donc pas
peur, votre femme n'est pas perdue, tant
il pouvait peu se passer de toi un instant,
cela ne te fait-il pas voir combien ce cœur

ardent et aimant n'avait d'autres pensées
que pour toi. Non, il est impossible qu'un
homme qui en agissait ainsi avec sa femme
puisse jamais avoir été un homme d'un
caractère aussi difficile à vivre que tu veux
le faire croire; non, cela est impossible,
et personne encore ne le croira. En effet,
c'est que cela n'était pas, et Dieu sait lequel de nous deux était difficile à vivre;
et sa mère, dont je viens de parler, elle
aussi le savait, car d'après ce qui m'a été
dit, elle avait eu bien à souffrir de ce caractère pendant qu'elle était demoiselle,
quand elle restait à la porte de sa cham-
bre des heures entières à lui dire : Mais,
Julie, ouvre-moi donc, cesse donc tes bouderies, et qu'elle y revenait trois ou quatre fois sans obtenir un mot de réponse.

C'est donc après la sixième année que,
sentant mon courage faiblir ainsi que mon
moral, n'ayant plus rien à espérer d'elle,
vous voyant tous quatre au monde, et
Jules qui faisait cinq, n'ayant encore
qu'une position de fortune dont tout le
capital ne s'élevait qu'à 22,500 francs, ce
que je puis constater par des inventaires,
isolé, seul avec mon chagrin qui me dé-
vorait, je ne voulais en faire part à per-

sonne. Le suicide ou une séparation !
mais comme je vous l'ai déjà dit, dans
l'un et l'autre cas, vous autres, pauvres
petits enfants en bas-âge, qui n'étiez cause
de rien, quel avenir vous était réservé,
cinq que vous étiez ? car malgré toutes
ses injustices, je n'oubliais jamais de
compter son enfant au nombre des miens.
Et puisque l'occasion se présente de parler de cet enfant, quelle autre femme
qu'elle serait restée aussi insensible au
bonheur de voir que son enfant, son
unique enfant, retrouve un bon père
dans un étranger ; car, en me mariant à
elle, non-seulement je me livrais corps et
âme à sa personne, mais j'étais encore
imbu des sentiments les plus purs et les
plus paternels pour son enfant ; et malgré
qu'elle a toujours traité de belles phrases
et de jeu de comédie tout ce que la conviction la plus vraie m'inspirait, qu'elle
dise si mes actions ont jamais démenti
mes paroles à l'égard de cet enfant, aussi
bien qu'à l'égard de son frère aîné ; quel
autre que moi oubliant, parce qu'il était
malheureux, toutes les injustices dont il
m'avait abreuvé, a offert de le prendre
chez moi pour le détourner de ses idées

de suicide qu'il a effectivement réalisé.
Quel contraste entre mon amitié et mon
dévouement pour tout ce qui touchait à
sa famille, et sa froide indifférence pour
les miens, sa dureté même pour ma
pauvre sœur, ce que je démontrerai plus
loin.

Je résolus donc de prendre un moyen
mixte; mais ce ne fut autre chose qu'un
parti raisonné, mais nullement par esprit
de libertinage, comme votre mère s'efforce à le faire croire, en voulant me mettre
à l'unisson de tous ceux qui sont dans ce
cas-là. Oui, ce fut un malheur, mais que
je n'adoptais que pour empêcher de plus
grands malheurs encore, qu'aurait entraîné avec lui l'autre parti pour lequel
je balançais, c'est-à-dire le suicide ou la
séparation. Vous connaissez le reste, et
la suite, jusqu'aujourd'hui même, a
d'ailleurs prouvé si je me suis écarté de
la ligne de conduite que je me promettais
de suivre au premier jour de cette époque,
et grâce à cette résolution, mon existence,
quoique toujours très orageuse, a été un
peu plus tolérable ; j'étais moins suscep-
tible sur ses injustices, parce que malgré
que je n'offris à une autre que ce qu'elle

avait si longtemps dédaigné et avec tant
de mépris, j'établissais un système de
compensation qui me faisait par esprit
d'équité, glisser sur bien des choses que
je n'aurais pas pu laisser passer sans mot
dire, pendant les six premières années de
notre ménage, où j'étais si vierge de toutes
espèces de reproches à me faire, je dirai
même de mauvaises pensées.

J'arrive à la deuxième période des huit
années suivantes : ici je serai court, parce
que ce fut la moins pénible à passer. Vous
vous éleviez à mon gré, ma maison fruc-
tifiait, mon courage était retrempé, je
jouissais de la plus grande considération,
je consolidais la position de votre mère et
la vôtre, j'avais trouvé ce qu'il me fallait
pour pouvoir continuer à vivre avec elle,
pour me corriger des habitudes si pernicieuses que l'isolement de mon cœur m'a-
vait fait contracter dans les derniers
temps de cette première période ; je veux
vous parler de ces maisons publiques, où
le manque de trouver chez moi la réci-
procité de ma tendresse maritale m'avait
conduit déjà plusieurs fois ; mais d'ailleurs, si ce besoin de changer de femme
eût été dans ma nature ou dans ma vo-

lonté , m'en serai-je tenu pendant tout
ce temps à cette seule personne; ce choix
si modeste que j'avais eu le bonheur de
rencontrer, me mettait à l'abri de toute
pensée nuisible à votre bien-être. Plus
d'idée de séparation ni de suicide : cette
pauvre être qui, je crois, avait été faite
tout exprès pour toutes les conditions
nécessaires à ma position, se contentant
uniquement du pain indispensable à sa
vie, n'exigeant de moi aucun sacrifice de
temps, et surtout ne me donnant jamais
l'ombre d'un mauvais conseil; toutes ces
conditions rendaient mon existence tolérable. Il ne me restait qu'un soin à remplir, celui de prendre toutes les précautions nécessaires pour que personne, et
surtout votre mère, ne connaissent ma position difficile, et je m'acquittais de ce
soin avec une telle attention, que ma sœur,
ma sœur elle-même, ne l'a su qu'après
votre mère, ce qui prouve bien ici encore
l'injustice qu'elle commet quand elle ose
me reprocher que je ne prenais aucune
précaution pour lui cacher ce qui se passait. Il serait, je crois, bien au contraire
impossible de trouver un second exemple
d'autant de précautions prises par un

homme, qui se soit trouvé dans le même cas ; d'ailleurs, ce serait-il passé huit années entières sans que personne en eût la moindre idée. Si j'avais négligé de prendre toutes les précautions nécessaires, si je m'étais livré, comme elle ne craint pas de l'inventer, sans réserve à tous les plaisirs et les déréglements qu'ordinairement s'attachent à ce genre d'existence, mais n'aurait-on pas vu mes affaires négligées, la confiance de mes clients disparaître, ma maison s'endetter, mon assiduité et mon activité faire place à cette insouciance qui s'empare toujours de l'homme qui s'abandonne sans réserve à la brutalité de ses désirs et de ses passions ? Non, personne encore ne se méprendra sur ce qu'il y a de perfide injustice à elle à m'accuser d'avoir cherché à la tourmenter en faisant tout pour lui faire savoir ce qu'il en était ; certes, elle aurait bien mérité que je lui fisse partager mes soucis qui, de jour en jour, se compliquaient davantage, en ce que chaque jour me faisait regretter de m'être adressé à un être digne par son bon caractère d'un meilleur sort; complication qui s'est encore bien autrement accrue, lorsque cette autre innocente est arrivée au monde. Eh bien ! non, avec mon courage et ma persévérance, j'ai supporté seul le fardeau d'une position d'autant plus pénible pour moi, que je n'étais pas né pour ce genre d'existence ; l'amour du foyer domestique, voilà ce qui eût été mon élément, si j'avais eu le bonheur de rencontrer une femme qui voulut partager ce bonheur avec moi.

Je passe maintenant à la troisième période : elle commence du jour où votre mère ne craignant pas de se faire accroire qu'elle avait agi envers son mari comme une femme qui l'aimait bien tendrement, s'est cru en droit de se plaindre de ce qu'il avait osé porter ses regards sur une autre. La première réponse que j'ai été porté à lui faire tout naturellement : Comment ; mais serait-il possible que tu en fus surprise ? Ta manière de m'aimer et de me considérer t'avait-elle par hasard donné des droits justement acquis à ma fidélité ? C'est à cette question si précise et claire que son injustice fit momentanément place à un instant de justice, c'est alors qu'elle proféra ces paroles plus fortes que tous les commentaires possibles : « Non, je ne puis pas t'en vouloir, tu n'étais pas coupable. » Et pour la première fois de sa vie, me serrant dans ses bras, me fit éprouver un bonheur que je n'avais jamais éprouvé de sa part; les mots d'amis et de chéri même furent à cet instant, mais à cet instant seulement, prononcés par elle avec l'effusion de la vérité; c'est alors que je ne connus plus mon bonheur, j'étais si fier d'avoir fait la conquête de ma femme, que ne mettant plus aucun frein à mon injustice envers ces deux autres victimes des torts de mon intérieur, oubliant la fausse position dans laquelle j'avais entraînée la mère, méconnaissant l'innocence de l'enfant qui n'avait que cinq ans, oubliant encore, ici j'en rougis jusqu'au front lorsque j'y songe, oubliant cette action si infâme de ma part, et heureusement réparé depuis à l'égard de cette pauvre petite, je veux parler du séjour de près d'un mois que je lui fis faire aux enfants-trouvés au moment de sa naissance, oubliant que par ma faute, et pour satisfaire à mes besoins de nature, je l'avais placée sur cette terre sans appui, sans famille, aussi bien que sans nom, et ne lui signant pour tout titre que celui de bâtarde, oubliant que je n'avais retrouvé le courage et l'énergie nécessaires au bien-être de toute ma famille, et que je ne m'étais dérobé aux pernicieuses habitudes que l'isolement fait contracter à l'homme découragé, habitudes qui compromettent non-seulement l'intérêt et le moral, mais encore la santé des familles; oubliant, dis-je, que je n'avais obtenu ces bienfaits qu'en m'appropriant l'existence et l'avenir de sa mère, circonstance qui a naturellement donné lieu à sa naissance; oubliant tout cela, dis-je, pour ma femme, pour elle qui m'avait si cruellement méconnu, et pendant si long-temps j'eus un instant la cruauté de croire que, du moment où ma femme se rapprochait de moi, rien n'était plus juste que d'abandonner, à elle-même, ces deux pauvres êtres, j'eus la dureté d'être sourd et insensible à leurs larmes ou plutôt à leurs gémissements, après leur avoir intimé froidement l'ordre de quitter Paris, je crus qu'il était tout naturel que j'aille, moi, me repaître du bonheur domestique, de le partager tranquillement avec ma femme; je crus un instant que ma conscience pourrait se contenter de cela, que d'ailleurs ce serait assez de m'acquitter envers elle, que de leur envoyer quelques secours, mon aveuglement passionné pour ma femme, ne me permettait pas de voir le manque de naturel qu'il y avait dans ma conduite à l'égard de cette pauvre petite, mes yeux se refusaient à voir que je l'envoyais seule avec sa mère, de laquelle elle n'était pas plus reconnue que de moi, dans un pays lointain, privée de mon appui, de mes conseils, sans direction aucune que celle de cette mère, qui elle-même, enfant naturel, ayant été élevée sans culture comme sans éducation, avait bien plus besoin de direction, qu'elle n'était apte à diriger une jeune fille ; cette passion vive pour ma femme m'empêchait de voir dans quel précipice je plongeais l'avenir de cette enfant; ce sont ces réflexions si justes que la précipitation de mon nouveau bonheur m'empêcha de faire, mais la conscience de l'honnête homme, agissant à mon insçu, ne tarda pas à s'éveiller en moi; ces deux malheureuses n'eurent pas plutôt exécuté l'ordre du départ que je leur avais intimé, que je ne voyais plus en moi qu'un infâme criminel dont une femme était la complice, j'étais heureux de la posséder, mais il manquait à ce bonheur que, continuant à rendre hommage à la vérité, comme elle l'avait faite au moment de son retour vers moi, ce dont elle ne convenait déjà plus, car cet aveu a passé comme une lueur, elle me dit, oui, puisque j'ai pu convenir du mal que j'avais fait en te méconnaissant, que ce mal a été si grave et si dur pour toi, puisqu'encore maintenant tu ne m'en fais aucun reproche; eh! bien, convenons chacun de la part de nos torts, en en supportant de concert et mutuellement les conséquences, notre secret est à nous, tu es trop honnête homme pour te trouver heureux en laissant cette enfant dans cette position, assurons un sort à la mère et élevons l'enfant, dont l'origine ne sera connue de personne, pas même d'elle-même, elle n'a que cinq ans, on t'aura chargé de sa tutelle; voilà ce qui aurait été de nature à faire disparaître en moi la faiblesse des sens, l'habitude et l'attachement que le temps avait pu me faire contracter pour sa malheureuse mère.

Voyant que cette idée ne lui venait pas d'elle-même, je la mis sur la voix de me l'offrir, mais seulement de me l'offrir sans aucune contrainte. Eh bien, elle s'en

empare pour vous indisposer contre moi ;
elle vous dit que j'ai voulu la forcer à
prendre cette enfant chez elle ; elle ne
comprend même pas que, bien loin de la
forcer, pour que j'eusse consenti à ce
qu'elle fût élevée à la maison, il m'aurait
fallu des gages bien certains de son désir,
de sa volonté personnelle bien arrêtée
d'en agir ainsi.

Non, non, loin de la forcer, c'est que
la moindre hésitation de sa part m'aurait
bien empêché d'y consentir ; et en effet,
moi qui voulait le bien de cette enfant,
est-ce que ce n'eût pas été faire son malheur que de la mettre vivre avec ma femme, en forçant ma femme à la recevoir ?
Il faut avoir l'esprit bien peu pénétrant
pour ne pas comprendre cela.

Non, il aurait fallu que, persistant à
bien comprendre cette vérité, que puisqu'elle n'avait rien fait pour empêcher
d'arriver ce qui était arrivé, et qui avait
produit l'existence de cette enfant, tandis
que de mon côté j'avais tant fait et tant
dit, et tant écrit pour l'empêcher, elle se
dise : oui, si j'eus voulu, si j'eus eu le
bonheur de pouvoir vouloir l'écouter,
le comprendre et l'aimer ; en retournant

vers le passé de cet homme qui est mon mari, en le voyant tel qu'il était pour moi, pour les miens, pour l'amour de son intérieur, il m'est impossible de ne pas convenir que, si j'eus voulu, tous ces malheurs ne seraient point arrivés, et que si je ne suis pas la mère naturelle de cette enfant, je suis au moins la cause que sa mère l'a mise au monde, et puisqu'aujourd'hui j'ai le bonheur qu'il se présente une occasion de pouvoir réparer tant de mal que j'ai fait, je veux la saisir avec empressement. Tout me seconde d'ailleurs : son jeune âge, le secret qui enveloppe sa naissance; et quand je pense à ce bonheur si vif que mon mari a éprouvé en recevant les premières tendresses que je lui aie jamais prodigué, ce bonheur de faire ma conquête, non, ne laissons pas échapper une si belle occasion de faire tant d'heureux, car ce n'est pas seulement son bonheur et le mien que je tiens aujourd'hui dans mes mains, c'est aussi celui de mes enfants, de ma maison, de ma famille entière; que dès ce moment je comprenne enfin la bonté et la pureté des liens du mariage; que je fasse tout maintenant, puisqu'il en est temps encore, pour dégager mon mari d'une position qui n'était pas dans sa nature. Mon mari est une exception qui ne saurait, sans une indigne fausseté, être comparé à tant d'hommes qui ne se trouvent dans le même cas que lui que par leur seule injustice à l'égard de leurs femmes ; et d'ailleurs il a bien aimé mon enfant, alors que je n'éprouvais aucune tendresse pour lui qui m'aimait tant, je puis bien, moi, aujourd'hui, porter quelque intérêt au sien, lorsqu'après tant d'épreuves douloureuses, je le retrouve dans de si bonnes dispositions pour moi. J'ai causé tout ce mal, eh bien, je saurais faire ce qu'il faut pour le réparer : je veux d'abord chérir et aimer mon mari comme j'aurais toujours dû le faire, l'aimer autant qu'il m'aimait et autant que je vois qu'il m'aime encore, et cessant de me mettre au-dessus de lui, attacher à sa personne la considération qu'il mérite et que j'ai tant méconnue; ensuite pour cette enfant et sa mère, non, ce ne sera point pour moi un sacrifice, une peine, ce sera une satisfaction que ma conscience me réclame. Voyons la mère, faisons-lui entrevoir le danger qu'il y aurait pour elle, et plus encore pour cette enfant qu'elle aime, de continuer aucune fréquentation avec mon mari; faisons-lui comprendre, au contraire, tout le bien qu'elle peut faire. Je sais que c'est un bon sujet, doué de bons sentiments, amenons-là à me seconder en lui faisant entrevoir son existence assurée et le bonheur de sa fille; disons-lui qu'elle pourra la voir de temps à autre; que la position si équivoque où sa naissance l'a placée va faire place à une position plus régulière; que n'étant connue de personne, même de mes enfants, qu'à titre de pupille de mon mari, elle pourra les fréquenter, les voir, les aimer même, et peut-être en être aimée, d'autant que cette qualité de pupille la mettait à l'abri d'aucun préjugé ni d'aucune jalousie de leur part.

Oui, voilà, j'en conviens, les illusions, le bonheur que j'avais espéré, que j'avais rêvé à ce moment si heureux pour moi, où je reçus de ma femme des marques de tendresse, bien courtes pourtant, mais auxquelles elle ne m'avait point habitué, ce moment d'étrange contraste, où je reconnus qu'avec ma femme mon infidélité

me faisait obtenir d'elle, ce que sept années de fidélité, d'amour le plus pur et le
dévouement le plus sincère, d'une patience torturée par des milliers d'épreuves et d'angoisses toutes plus pénibles les
unes que les autres, n'avaient pu me faire
obtenir; je me retrouvais comme si au
premier temps de notre ménage elle eût
voulu m'aimer autant que je l'aimais;
quel prestige! c'était d'elle-même que je
recevais le soulagement de mes peines,
elle me rendait enfin justice, et elle deve-
nait, sans pour cela cesser de vous chérir,
vous autres, mes chers enfants, l'ange ti-
tulaire et protecteur de cette pauvre innocente née de nos discordes passées, et ce
qu'il y avait de plus beau, de plus grand,
comme de plus généreux de sa part, c'est
que cette si bonne action restait à tout
jamais inconnue au monde, Dieu seul le
savait pour la récompenser, récompense
bien douce qu'elle aurait déjà recueillie
dans ce monde, en voyant tant de bonheur
répandu par elle sur toute sa famille.
Malheureusement les choses ne se passè-
rent pas ainsi, ce bonheur ne fut que de
très courte durée, comme je vous l'ai dé-
montrée ci-dessus, la rétractation de ses

premiers aveux nous replongea bientôt dans la route pénible où la soif qu'elle éprouva de se placer dans une position qui n'est pas la sienne l'entraîne continuellement ; je crois donc vous avoir suffisamment démontré qu'elle vous trompe et qu'elle se trompe elle-même, en vous disant que j'ai voulu la forcer à prendre cette enfant chez elle, c'est qu'au contraire, en la connaissant si peu disposée, je m'y serais opposé de toutes mes forces.

Toutefois une autre circonstance se présenta encore, où encore je crus qu'il y avait quelque parti à en tirer, je veux vous parler du moment où cette malheureuse devint folle, et où il fallut la faire renfermer ; ici encore ce fut son malheur que mon amour pour ma femme et ma tendresse pour vous chercha à exploiter ; je crus bien à tort, il est vrai, j'en conviens, que puisqu'à ce moment vous étiez vous, mes enfants, encore les seuls qui fussent instruits de tout, qu'avec votre aide je pourrais amener votre mère à me tirer de cette position fugitive, en recevant, au moins de temps à autre, cette enfant avec la condition faite entre nous qu'elle n'y serait jamais admise que sous le titre de pupille ; mais ce ne fut qu'une lueur d'espérance qui s'éteignit au même instant. Les réponses d'Estelle, plus que celles de votre mère encore, et l'avis d'un ami sincère que je consultai à ce sujet (le respectable docteur Breton), m'ouvrirent les yeux, et me firent bien voir que l'espèce humaine n'était pas d'une perfection assez achevée pour posséder d'aussi grandes vertus; aussi Estelle doit se rappeler que je n'insistai pas, et qu'à l'instant même je réduisis mes prétentions à la supplier de faire au moins auprès de sa mère tout ce qu'elle pourrait pour lui faire comprendre qu'elle devait, sinon me tendre une main secourable, mais au moins me laisser m'acquitter seul en repos de mes devoirs à l'égard de cette pauvre enfant, eh ! bien, voilà pourtant comme elle ne craint pas de dénaturer mes paroles et mes intentions, pour me peindre à vos yeux comme un de ces hommes que l'amour du libertinage seul entraîne à faire des enfants à la première venue qui veut bien se laisser faire, et sont ensuite assez déhontés pour imposer à leur femme l'obligation de es recevoir au domicile conjugal, certes,

je comprends très bien que du moment
où on passait l'éponge sur les angoisses
que m'a fait endurer le caractère indomptable de ma femme, pendant cette
première période de notre ménage, que
du moment où on me jette dans le pêle-
mêle de ces hommes qui sont pour la
plupart si noirs d'injustice envers leurs
femmes, qu'en un mot, du moment où
on se refuse à reconnaître cette grande
vérité, que je fus et que je suis *une exception*, je conçois très bien, dis-je, que
votre mère pourrait vous apparaître encore, malgré son peu de pitié, bien ver-
tueuse et bien malheureuse, et votre père
bien coupable envers elle; oui, mais elle,
quand la vérité parvient par moment à se
faire jour dans son imagination, lorsque
dans ces moments où la solitude et le re-
cueillement nous obligent à nous voir tels
que nous sommes, à nous rappeler ce que
nous avons fait, ce que nous avons dit.
Quand elle se rappelle quel usage j'ai fait du
sous-seing privé qui constituait une rente
viagère à ces deux pauvres êtres, et dont
elle veut tirer encore un si grand parti
contre moi; quand elle se rappelle combien je me suis empressé de lui rendre sa

signature, du moment où j'ai vu qu'elle
se rétractait et qu'elle n'avait consenti ce
léger sacrifice que pour s'en faire une
arme contre moi, et s'en prévaloir, qu'il
n'y avait plus dans cette action de sa
part aucun retour vers la justice qu'elle
m'avait si longtemps refusé, qu'elle ne
m'offrait rien, qu'à la seule condition de
se placer sur le trône de la femme géné-
reuse qui veut bien excuser son mari des
amertumes injustes dont il l'a rendu victime en méconnaissant sa tendresse et son
amour pour lui, quand elle se rappelle
tout cela, dis-je, comment peut-elle encore oser vous dire que j'ai voulu *la forcer* à prendre cette enfant chez elle! Non,
vous ne le croyez pas, elle ne le croit pas
elle-même, et pourtant elle le dit. Moi,
l'obliger, oh! non, pour que j'y consente
au contraire il aurait fallu, je le répète,
que, persistant à rendre hommage à la
vérité, comme elle avait paru le faire à ce
moment si court qui lui fit tout apprendre, j'eus l'intime conviction qu'elle le
désirait du plus profond de son âme, assez fortement pour que je ne puisse pas
avoir regretté d'y avoir consenti. Je rends
grâces à Dieu, au contraire, de m'avoir

fait voir combien je la jugeais mal, en la jugeant capable d'une si belle justice, ce qui me le prouve, ce sont les mauvaises dispositions qu'elle a déployées depuis à l'égard de cette pauvre victime de son mauvais vouloir. Chaque fois qu'une occasion s'est présentée, distribution de de prix, première communion, c'était autant de crimes qu'elle me faisait d'y assister, ne voulant plus voir ma pauvre sœur qui a si souvent cherché à pallier ses injustices à mon égard, sous prétexte que des dessins qu'elle avait chez elle devaient sortir des mains de cette pauvre enfant. Le jour de son mariage surtout, quelle femme aurait pu, ce jour-là, déployer une aussi impitoyable dureté; Dieu seul, mon devoir et la force de l'amitié paternelle que j'éprouve pour vous, ont pu me donner le courage, depuis ce moment, de rester avec elle, et d'aimer encore à y rester. Oui, c'est Dieu seul qui m'a donné la force de supporter tant de peines; de pouvoir l'entendre me faire en quelque sorte un crime de conduire à l'autel cette pauvre innocente; de pouvoir l'entendre, inspirée qu'elle était d'une farouche dureté, trouver mauvais que ce

soit durant le jour que cette union soit
bénie. Il fallait la cacher, la dérober à
tous les yeux. Mais, malheureuse, qu'a-
vait-elle donc fait? quel crime avait-elle
donc commis pour la priver de voir,
comme toutes les autres, son union sanc-
tifiée au grand jour par le prêtre et l'autel? Serait-ce donc parce qu'elle était plus
malheureuse que toute autre d'être jetée
sur cette terre sans pouvoir nommer ni
son père ni sa mère, parce qu'elle était
restée jusque-là étrangère à la société, et
victime innocente des fautes dans lesquelles ce père et cette mère ne seraient
pas tombés si tu avais aimé ou au moins
considéré ton mari, comme tu sais bien,
au fond de ton âme et conscience, qu'il
le méritait. Quant à moi, est-ce parce
j'avais commis une faute en la mettant au
monde, que je devais la rendre encore
plus grande en refusant de lui tendre au
grand jour la main de son père inconnu
pour la conduire à l'autel? Mais comment,
au contraire, n'as-tu pas partagé ma joie,
en voyant que ce fruit de mon crime, si
tu veux, je le reconnais, ou plutôt ce fruit
des conséquences de ta fausse manière
d'interpréter la sainte loi du mariage, al-

lait enfin sortir de l'ornière profonde
dans laquelle nous l'avions plongée à
nous trois ; car il te serait impossible de
dire : il n'y a dans la naissance adulté-
raine de cette enfant que deux coupables.
Si le mot coupable te semble trop dur
pour te l'appliquer à toi-même, tu ne
peux te dispenser de te dire : il y a de
plus une femme fautive et bien fautive,
et si le mauvais génie qui s'attache à toi
pour te faire croire que tu as eu raison te
poursuit encore, rappelle-toi ces aveux :
Il a dû bien souffrir, j'étais bien boudeuse, et à moi, je ne puis pas t'en vouloir, tu n'étais pas coupable. Rien que
cela doit forcer ta conscience à te dire :
cette femme fautive, c'est moi, et ici,
comme presque toujours, c'est de la première faute que découle toutes les culpa-
bilités, d'où il résulte que l'union de
cette enfant devant Dieu devait apporter
autant de soulagement et de contente-
ment dans ton âme que dans celle de ton
mari.

Je ne m'arrêterai pas plus longtemps
sur ce sujet, car je crois vous avoir surabondamment prouvé qu'elle employait
un indigne subterfuge en vous disant que

j'ai voulu l'obliger à prendre cette enfant chez elle. L'obliger, jamais.

Je passerai maintenant à un autre argument qui lui est assez familier, toujours dans le but de se donner raison et à moi tous les torts. Elle dit : mais j'aurais pu trouver un homme froid qui aurait été enchanté de trouver une femme froide, un homme moins passionné; mais, malheureuse! n'avais-je pour toi que la passion brutale des sens, et toi, n'avais-tu à te reprocher que la froideur des sens avec moi? La passion charnelle que j'éprouvais pour toi n'était rien en comparaison de cette amitié et de cette considération si honnête et si pure que je me plaisais à répandre sur toute ta personne, à laquelle j'étais attaché par un dévouement sans borne, tandis que, de ton côté, ta froideur charnelle; mais elle n'était rien en comparaison de toutes tes tracasseries, les injustices, les ingratitudes, les contradictions, les découragements et les déconsidérations que tu te plaisais à répandre sur toutes mes actions et sur toute ma personne. Et d'ailleurs, puisque ton froid sentiment te donne le cynisme d'oser me faire un reproche de t'a-

voir tant aimé, aimé jusqu'à la passion ;
mais alors, si j'avais eu le bonheur de
pouvoir ne pas autant m'attacher à toi,
ne pas sentir ce besoin de t'entourer de
tant de considération, de maîtrise et de
bonheur, autant par amour pour toi que
par le respect que m'inspirait cet acte
de mariage que j'avais contracté devant
Dieu ; mais une fois dépouillé de ce si
noble sentiment que tu ne me reproches
que parce que tu ne l'éprouvais pas, une
fois que je serais devenu cet homme
froid, pourrais-tu t'expliquer à toi-même
quel mobile aurait pu me retenir près de
toi, me donner le courage et la force de
supporter les douleurs que ton caractère
si dur et si hautain pour moi m'a fait endurer? Ne vois-tu pas quelle autre ven-
geance j'aurais pu tirer de tout le mal et
de toutes les tortures que ton fier dédain
me faisait éprouver chaque jour? Ne vois-
tu pas comment cet homme froid, qui ne
t'aurais pas aimé, t'aurait froidement
fait rentrer dans l'ordre, en usant encore
froidement à ton égard du pouvoir, du
droit et de l'autorité que la loi du mariage
accorde à l'homme sur la femme? Pourquoi faut-il qu'encore aujourd'hui je ne

puisse pas le devenir froid? car c'est la seule chose qui pourrait me rendre plus heureux. Mais toi, plus malheureuse, c'est alors que tu regretterais ton passé lorsque tu me verrais impassible et froid à tout ce que tu pourrais dire, ne t'opposant d'autre raisonnement qu'un silence méprisant, ne te donnant que froidement le stricte nécessaire, sans prendre la peine de répondre à tes réclamations ; enfin consultant froidement chaque matin le Code civil, pour ne t'accorder d'autres prérogatives que celles que la loi accorde aux femmes.

Ah ! c'est précisément cette froideur que tu réclames que j'ai si souvent désiré et même cherché, mais toujours en vain, à opposer à ton dur et froid caractère pour moi, sans jamais pouvoir l'obtenir de mon cœur trop ardent pour toi. Oui, je l'avoue, j'ai fait tout ce que j'ai pu pour le devenir froid à ton égard, mais je n'ai jamais pu y parvenir, malgré pourtant que de ton côté tu me secondais dans mes efforts au-delà de toute espérance.

Mais non, tu as raison, je ne suis pas assez froid pour avoir tant de dureté pour toi, et quelle que soit la force de ce raisonnement, je ne veux pas regretter mes actes de faiblesse, si ce sont eux qui m'ont empêché de te traiter avec tant de rigueur; ce que je regrette en fait de faiblesse, c'est celle de cette nature humaine qui, de concert avec le péril d'une existence qui n'était plus supportable, m'a conduit à trahir cette foi conjugale pour laquelle j'avais tant de vénération ; je la regrette tant, que si tu ne m'avais rien fait qui m'y ait autant dire contraint, je ne pourrais supporter le poids d'une aussi grande faute à laquelle, du reste, croyez-le bien tous, je ne suivis que pour en supporter les conséquences à moi seul, et faire en sorte que personne n'en soit victime. Pour s'en convaincre, d'ailleurs, il suffit de voir si ce sont les plaisirs mondains qui m'attachent à la vie. Non, je me soutiens par l'assistance de ce Dieu qui, seul, a vu mes peines, et qui, seul aussi, a vu d'où partaient mes fautes, et surtout les intentions qui me faisaient agir à l'égard de ma femme, en commettant ces fautes. Ce Dieu qui, seul, a lu et vu dans mon cœur, chaque fois qu'elle l'a déchiré par tant d'injustice et tant d'ingratitude, en revanche des sentiments si purs et si dé-

voués que j'avais non-seulement pour
elle, mais pour tout ce qui l'entourait.
Oui, certes, j'ai péché, j'ai été faible, bien
faible, et il est juste que j'en fasse ici ma
confession, et pourtant j'ai été faible et
ferme à la fois, puis qu'ainsi que je vous
l'ai déjà dit, je ne me suis jeté dans ce
malheur que pour éviter de bien plus
grands malheurs encore, car l'anéantis-
sement dans lequel me plongeait de plus
en plus l'excès du dégoût et du découragement auxquels j'étais en proie, condui-
sait votre avenir à sa perte certaine. Mais
enfin, ma femme, voyons, puisque, fidèle
à ton principe d'égoïsme, tu persistes à
vouloir tirer un si grand parti de la faiblesse de mes sens, pour insinuer dans
l'esprit de nos enfants, que c'est de cette
faute que découlent les peines de notre
intérieur. Pour réduire cette question à
sa plus simple expression, et savoir lequel
de nous deux a réellement, par sa faute,
produit la faute de l'autre, il te suffirait
de te demander à toi-même, l'infidélité de
mon mari a-t-elle devancé mes torts à son
égard? ou mes torts ont-ils devancé son
infidélité? C'est-à-dire, mes torts ont-ils
produit son infidélité? ou son infidélité

a–t-elle produit mes torts? Si tu peux jamais te poser cette question si simple et
y répondre avec impartialité, tu cesseras
dès l'instant d'être aussi injuste à mon
égard, et même à l'égard de cette faiblesse et de ses graves conséquences, je
dis graves, car ma faiblesse en produit une autre , on est faible d'abord
par amour charnel , à cette faiblesse
suivant qu'on reconnaît plus ou moins
de qualité à la personne à laquelle on s'est
adressée, succède la faiblesse de cœur,
ensuite celle de l'attachement, que fait
souvent naître les peines qu'on a éprou-
vées ensemble, la part plus ou moins
vive qu'on y a prise réciproquement ; oui,
voilà le danger qu'il y a à mettre un
homme qui porte un cœur comme le
mien dans une pareille position. Oui, si
j'eus rencontré un de ces cœurs banals,
dénués de tout naturel et de tous bons
sentiments, en regardant les choses à un
certain point de vue, peut-être notre malheur eût été moins grave; mais d'un autre
côté, en les regardant par des exemples
malheureusement si souvent répétés dans
la société, notre malheur eût été bien plus
grand, si cette personne, au lieu d'être

vraie, eût été fausse; au lieu d'être bonne eût été méchante. Peut-être aurait-elle réussi, par ses mauvais conseils et ses mauvaises insinuations, à ébranler ma résolution de ne jamais dévier de la ligne de conduite que je m'étais tracée au jour où j'avais adopté un parti si extrême; il n'est pas sans exemple qu'on ait vu les convictions les plus fortes céder devant les conseils perfides d'une méchante femme mal intentionnée, tandis que, bien loin de là, je ne puis oublier avec quelle persévérance elle s'est acharnée à faire le contraire. Je sais bien que j'étais assez ferme dans ma résolution pour n'avoir pas besoin de ses exhortations; mais puis-je, et vous-même tous, y compris votre mère, pouvez-vous ne pas lui savoir gré d'avoir préféré de rester, pendant les vingt-deux plus belles années de sa vie, dans cette position fugitive, que de tenter *une seule fois* de me corrompre, en cherchant à sacrifier vos intérêts aux siens, et préférant au contraire sacrifier les siens, et même ceux de sa fille, aux vôtres? Malgré tout, grâce à Dieu, et malgré les injustices toujours croissantes de votre mère, j'oublierai, je l'espère, jusqu'au souvenir

de toute faiblesse charnelle pour elle ;
mais cesser de lui accorder le soulagement moral que je lui dois, et l'intérêt
que réclame sa position, jamais !

Quant à cette pauvre enfant, les sentiments que j'éprouve pour vous vous en
disent plus que je ne saurais vous l'exprimer ; c'est à la mesure de l'amitié paternelle que j'ai pour vous que vous pouvez juger de celle que j'ai pour elle. Non,
n'attendez pas de moi que, pour m'absoudre à vos yeux, je sois assez lâche
pour renier les sentiments honorables et
justes que j'éprouve pour ces deux êtres
qui, comme moi, ont été victimes du caractère obstiné et indomptable de votre
mère. Ce n'est pas, après vingt-deux
années de persévérance à soutenir le fardeau d'une existence cachée, fugitive,
hérissée de tribulations et de peines, que
nous éprouvions d'autant plus fortement,
que cette existence n'était dans la nature
ni d'elle ni de moi ; ce n'est pas, dis-je,
après tant d'angoisses douloureuses, supportées ensemble, et pour moi et pour
vous, et par rapport à votre mère, que
j'oserai vous faire espérer de les renier
en les oubliant totalement.

Cette malheureuse position m'a appris à connaître que les peines les plus pénibles sont celles qu'on est obligé de cacher à sa femme et à ses enfants, et surtout quand ce sont de ces peines au récit desquelles on sait que, sans se donner le souci de faire la part de différentes circonstances qui les ont produites, on verrait leurs cœurs se refermer sur vous comme une porte d'airain. De la part de la femme, c'est le besoin qui la domine de faire disparaître ses torts en les rejettant sur son mari; de la part des enfants, en premier lieu, c'est de ne pouvoir donner raison à leur père sans faire retomber tout le blâme sur leur mère; en second lieu, leur intérêt, qu'en pareil cas ils sont toujours disposés, bien à tort pourtant dans cette circonstance, à regarder comme compromise, position bien affreuse pour un homme qui, comme moi, mettait tout son bonheur à s'épancher dans le cœur de sa femme qui, comme moi, ne savait rien lui cacher, le bon comme le mauvais, au risque de la certitude dans laquelle j'étais de n'obtenir qu'une critique amère et sèche, ou un blâme froid et presque toujours injuste. C'est donc pour cela

qu'il m'a fallu, pendant vingt-deux ans
de ma vie, renoncer à trouver aucune consolation aux angoisses qui déchiraient mon
cœur, ailleurs qu'auprès de ces deux
êtres qui, quoique en prenant une part
très vive au mal que je ressentais, se pla-
çaient toujours, comme sur la brèche, à
faire ressortir à mes yeux les qualités de
votre mère et les vôtres; en sorte que
chaque fois qu'elles avaient pu m'entrete-
nir de vous, mon amitié pour vous semblait s'être encore accru davantage. Ce
sont ces désintéressements-là, ces abné-
gations d'elles-mêmes, que je ne vous
promettrai jamais de pouvoir oublier. Ce
que je vous promets, par exemple, c'est
que jamais l'intérêt que ma conscience
me commande de leur porter ne me con-
duira à compromettre, en la moindre
chose, *ni l'amitié paternelle que j'ai pour
vous, ni vos intérêts en aucune espèce de
manière.* Les sacrifices que j'ai faits pour
elles n'ont jamais dépassé le chiffre des
privations que j'ai su m'imposer, et sous
ce rapport, depuis le mariage de cette enfant, j'ai encore une fois de plus à remer-
cier Dieu d'avoir permis qu'elle entre et
qu'elle s'allie avec une famille aussi res-

pectable et aussi désintéressée. Jamais un geste, une parole malveillante pour votre mère, jamais une question guidée par l'intérêt, se faisant au contraire un plaisir de porter autant de considération et de respect à toute ma famille qu'à moi-même. Et pourtant, tout dernièrement, votre mère, avec un air des plus méprisants, me disait : Je vois bien les mauvais conseils que vous donne tout cet *entourage-là*. Pourquoi faut-il qu'elle n'ait pas, comme cet entourage-là, su comprendre et respecter l'importance des devoirs que le mariage impose à la femme, ou regardant la bonne union qui règne dans les ménages qui composent cet *entourage*. On voit bien que ces femmes-là n'ont pas, comme elle, répondu devant l'autel et devant la loi, qu'elles acceptaient, sans aucune contrainte, l'époux qu'elles prenaient, alors qu'elles ne le prenaient que par obéissance, ce qu'elle m'a si souvent jeté au visage ; on voit bien que les femmes de *cet entourage* n'étaient pas, comme elle, imbues de ces principes si faux qui font le malheur des maisons, et qui consistent à se persuader qu'une femme peut n'avoir pour son mari d'autres obligations à remplir que celles de lui donner tout ce qui lui est nécessaire, de le soigner ou le faire soigner quand il est malade, de lui tenir ses affaires en ordre dans la commode, ce qu'elle qualifie si souvent de soins et d'attentions, et sans qu'il soit nécessaire d'éprouver pour ce mari aucun sentiment affectueux, aucune sensation amitieuse; qu'une femme peut bien encore laisser son mari lui prodiguer des caresses si c'est son bon plaisir, ne vivre et ne respirer que pour elle, si bon lui semble, sans qu'elle soit nullement tenue, elle, d'éprouver pour lui aucun de ces mêmes sentiments, sans pour cela toutefois, elle encore, qu'elle soit obligée de renoncer en aucune manière au droit que la loi lui a conféré au jour de son mariage, dans le cas où ce mari se permettrait de se lasser d'être dédaigné par elle, et oserait jamais, et quel que soit le motif, porter ses regards vers une autre femme, qu'elle peut tout aussi bien que celles qui ont eu la sottise de chérir et affectionner leurs maris, revendiquer ses droits, et même crier au scandale, bien plus fort que ne le font la plupart de ces malheureuses femmes qui ont tout

fait pour empêcher leurs maris de leur être
infidèles. Voilà jusqu'où s'étend sa justice
en matière des obligations réciproques
que nous impose la loi du mariage, et
c'est précisément parce que les femmes
qui composent *cet entourage* si méprisable, interprètent, ainsi que vous, mes
filles, cette loi tout autrement, qu'elles
sont fort respectables à mes yeux.

Je sais bien, comme je crois déjà vous
l'avoir dit, qu'elle a eu le malheur de n'a-
voir pendant sa jeunesse, sous les yeux,
que l'exemple d'un mauvais ménage ;
mais l'excuse de sa mère, je le répète,
peut se trouver dans le contraste qui exis-
tait entre les éminentes et rares qualités
qu'elle possédait, et les incapacités de son
pauvre mari. Eh bien ! votre mère, en
voulant se placer sur le même terrain
qu'elle, oublie, sans vouloir lui faire tort,
qu'il ne peut y avoir de comparaison
entre sa mère et elle, ni sans vouloir me
vanter, entre son père et moi.

Mais revenons un peu sur ce sentiment
d'obéissance qui, de son propre aveu, et
si souvent répété, l'a seul guidée en se
mariant avec moi ; mais quand le magis-
trat, et surtout le prêtre, vous fait cette

question : Acceptez-vous un tel pour
votre mari? n'est-ce pas, au contraire,
pour que votre réponse soit dégagée de
toute espèce de contrainte ; et n'est-ce
pas trahir le principe de cette foi conjugale que de venir déclarer, au pied de
l'autel et devant la loi, qu'on accepte un
homme pour époux, alors qu'à son insçu
on ne fait qu'obéir à une contrainte quel-
conque ; mais la désobéissance dans ce
cas n'a-t-elle pas cent fois plus de vertu
que l'obéissance? Mais d'ailleurs, ne doit-
on pas aussi l'obéissance aux recomman-
dations que le prêtre vous fait toujours,
lorsqu'il vous confesse à l'occasion de
votre mariage? N'a-t-il pas toujours soin
de vous recommander de n'agir que pé-
nétré de la plus ferme conviction, et
de n'apporter à l'autel qu'une réponse
exempte de toute arrière-pensée? de n'é-
couter dans ce serment solennel que ce
que vous éprouvez dans le fond de votre
âme et conscience? Eh bien, admettons
maintenant que votre mère, guidée par un
sentiment louable, ne voulant pas d'une
part me tromper, et d'un autre côté ne voulant pas désobéir à sa mère, ait répondu au
prêtre : oui, j'accepte cet époux, *mais par*

obéissance, dira-t-on que ce prêtre aurait sanctifié ce mariage? Certainement non. Je le demande maintenant, qui donc a de nous deux le premier trompé l'autre? et quel bonheur conjugal peut-on attendre d'un mariage que l'un des époux ne contracte que par obéissance, ce qui veut dire qu'on n'éprouve pour celui ou celle qu'on épouse, aucun de ces sentiments qu'il est si nécessaire d'éprouver au moins par espérance? N'avait-elle pas encore un autre moyen de ne pas désobéir à sa mère, et de ne pas tromper cette foi conjugale? Ne pouvait-elle pas, puisque, par sa position de femme veuve, je me trouvais souvent seul avec elle, ne pouvait-elle pas me dire : Tenez, M. Poulain, nous allons nous marier; mais je n'y consens que parce que ma mère le veut : je ne fais que lui obéir; je n'éprouve pour vous rien de ce qu'on doit éprouver en pareil cas, ainsi croyez-moi, que ma mère ne sache pas ce que je vous dis là, mais ne faites pas ce mariage, vous me paraissez, par vos manières et par votre physique, avoir des sensations vives, impressionnables, et je sens qu'il ne me faut, au contraire, qu'un homme froid et impassible; elle pouvait même me faire cette déclaration par lettre, je me serais retiré sans que jamais sa mère n'en en eut rien su.

Maintenant, cette obéissance, dont malgré tout ce que je viens de dire, elle prétend se faire une excuse, pourrait quelquefois s'admettre en faveur d'une jeune fille très soumise à ses parents qui, par excès de zèle, la marient trop jeune, et croyent bien faire en la contraignant à prendre un mari pour lequel elle n'éprouve souvent que la répugnance. Mais votre mère était-elle dans ce cas là? Elle, chez laquelle la désobéissance, au contraire, et l'insoumission semblent avoir été une des conditions de son existence en naissant, elle, qui n'est continuellement inspirée, dans tout ce qu'elle fait et ce qu'elle dit, que par un excès de naturel si volontaire, qu'il serait difficile de le rencontrer chez aucune autre femme, comme je l'ai déjà dit : chez elle le sentiment de sa nature seul agit, le raisonnement, jamais. Par exemple, sa nature la portait à aimer les hommes ; elle n'a pas aimé ses maris, je dis ses maris, parce que je démontrerai tout-à-l'heure que son premier mariage ayant été compris par elle de la même manière que son second, n'a pas été plus heureux, que parce qu'il a été moins long.

Il y a chez elle un autre exemple de cette nature insubordonnée qui, au lieu de faire du mal, a fait beaucoup de bien, et dont je rends grâce au ciel, quoiqu'il n'en soit jamais rejailli sur moi aucune étincelle, ce qui arrive pourtant d'ordinaire avec toute autre femme. Je veux vous parler de son amitié maternelle pour vous, elle vous a aimé sans raisonnement, il est vrai, mais enfin, elle vous a aimé, parce que par sa nature elle aime ses enfants, c'est peut-être de sa mère le sentiment qui les rapproche le plus l'une de l'autre; non pas que je veuille dire que sous ce rapport même, elle soit à l'égal de sa mère, car, chez sa mère, l'amitié, maternelle était d'autant plus imprégnée en elle, qu'elle y était contrairement à sa fille cimentée par une logique et un raisonnement de tous les instants, de toutes les minutes, et si je dis que le ménage de Mme Taveau n'a pas été meilleur que ceux de sa fille, loin de moi la pensée d'établir entre elles deux la moindre comparaison, Mme Taveau n'a légué à sa fille qu'une partie de son naturel

pour ses enfants, l'entêtement et le manque
de juste raisonnement lui viennent, je le
crois bien, du côté de son pauvre père.

Non, cette excuse d'obéissance qui,
suivant elle, l'a portée seule à m'épouser,
ne peut pas même lui être appliqué; non-
seulement elle n'était point la jeune fille
soumise, de laquelle je viens de parler, mais
elle avait vingt-cinq ans, elle était veuve d'un
mariage qui avait duré cinq ans, elle était
mère d'un enfant de six ans; n'est-ce pas
une indigne plaisanterie que d'employer
un pareil argument pour se justifier d'une
faute si grave, alors, du reste, qu'elle n'est
justifiable dans aucun cas, non, qu'elle se
rende donc la justice qui lui est due,
qu'ayant été la première coupable de contracter un second mariage, avec un homme
pour lequel elle n'éprouvait rien de ce
qu'elle savait bien qu'il faut éprouver
pour faire un bon ménage. Elle convienne
donc que c'est de cette culpabilité première que découlent toutes les autres, elle
sache au moins supporter sa part du fardeau qu'elle m'a fait endurer, non-seulement par sa faute, au jour de notre mariage, mais par toutes celles qui, naturellement, devaient en devenir la consé-

quence inévitable, car, je lui répéterai
encore pendant cette première période de
notre ménage, et même pendant les autres, un peu plus ou un peu moins, a-t-elle
jamais rien fait pour réparer cette première faute, de m'avoir épousé avec des
sentiments si contraires à un bon ménage.
Non, depuis ce moment fatal, elle n'a jamais fait que d'aller de mal en pis, et
d'entraver sans cesse la marche de ma
maison, dont la prospérité n'est due qu'à
la persévérance que Dieu m'a accordée
pour vaincre tant d'obstacles.

A l'égard de son premier ménage, dont
j'ai promis de parler, je ne l'ai pas vu de
mes yeux, mais j'ai bien des probabilités
qui prouvent jusqu'à l'évidence qu'elle ne
l'a pas rendu meilleur que le mien, d'a-
bord, ces renseignements avant mon mariage, que le hasard m'a jeté à la figure,
comme pour me prévenir, l'un de la
bouche d'un nommé Frezier, et l'autre
d'un nommé Bord, qui, tous deux, s'ac-
cordaient à dire que celui qui épouserait
la veuve Lehadey, ne serait pas à la noce,
à moins qu'elle ne changeât beaucoup, ici
on me dira : mais pourquoi donc, sur de
pareils renseignements, l'avez-vous épou-

sée? Je dois convenir, pour être vrai, que sous un certain point de vue, je mérite ce reproche, certes, si j'avais eu des parents et une position comme nos enfants, par exemple, je n'aurais pas fait ce mariage, mais j'étais si peu soutenu, si peu conseillé par qui que ce soit, je n'avais pas un être qui s'occupât de moi, et j'avais si grande envie de me produire comme un autre, et puis j'avais de si bonnes intentions pour elle, ensuite il résultait d'autres informations, qui étaient venues à ma connaissance, que mes goûts n'étant pas tout-à-fait les mêmes que ceux de son premier mari, je pourrais obtenir ce qu'il n'avait pu obtenir, je me disais : Il allait au café, je n'irai pas au café, il avait des amis, je n'aurai pas d'amis, il allait au bal, je n'irai pas au bal, en un mot, je ne choisirai ma société et mes distractions que dans sa famille. Je lui serai si dévoué, je lui laisserai tant de maîtrise et tant de prérogative, qu'il faudra bien, à moins d'avoir un cœur de marbre, qu'elle finisse par m'aimer, ou au moins avoir pour moi ce sentiment de reconnaissance qui porte toujours une femme à accorder à un homme la considération qu'il mérite ; et, puis cette enfant en bas-âge, privée de son père; son mari n'avait pas, lui, eu ce moyen de pouvoir se faire aimer d'elle. Je me disais, puisqu'elle l'aime, elle ne pourra résister au besoin de m'aimer lorsqu'elle verra son enfant, son unique enfant, comme je vous l'ai déjà dit, retrouver un bon père dans un étranger; et la suite a prouvé à tous si jamais je me suis écarté de cette ligne de conduite, tant à son égard qu'à l'égard de cette enfant. Je ne veux pas ici énumérer tous les services que vous savez que je lui ai rendu, je dis seulement que mon excuse pour avoir contracté ce mariage est dans ces intentions si pures, et que j'ai si scrupuleusement et avec tant d'acharnement et malgré tout réalisées. Mais revenons aux probabilités qui prouvent que le premier mariage n'a pas été plus heureux que le mien. Ces deux lits étroits que j'ai trouvés en arrivant dans la maison, et mis pieds à pieds dans une alcôve faite exprès, prouvent bien qu'en sortant de la rue des Vertus, et même peut-être y étant, on n'avait plus voulu coucher avec son mari, malgré qu'on n'avait que vingt-cinq ans; et cette tombe au Père-Lachaise, où on n'a

pas mis le pied une seule fois, sous prétexte de trop de sensibilité. Sans doute
que l'enfant était trop sensible aussi pour,
qu'accompagnée d'une bonne, on l'en-
voyât un peu prier Dieu sur la tombe de
son père ; je crois bien qu'elle n'y est pas
allée souvent, si elle y est allée ; et ces
MM. Molé et Bureau, tous deux amis du
défunt, qui l'avaient pensé si malheureux
en ménage, qu'ils avaient, m'a-t-on dit,
proposé de la mettre dans une maison de
santé ; enfin, cette mésintelligence qui,
m'a-t-elle dit elle-même, régnait tout le
temps entre elle et la famille de son mari.
Non, ce ménage n'a été, comme je l'ai
déjà dit encore, moins malheureux que le
mien, que parce qu'il a duré moins longtemps, et beaucoup moins, puisqu'il n'a
duré que cinq ans.

Mais passons à autre chose. Je vous
parlerai maintenant du petit expédient
qu'elle emploie chaque fois qu'on lui
parle des tribulations qu'elle m'a fait endurer, après la vente de la maison du Canal. Tous les moyens lui sont bons, pourvu
qu'ils lui servent à apitoyer sur son sort,
en accablant son mari. Elle dit : oui, j'ai
eu bien du chagrin de la vente de cette

maison ; mais j'avais de l'ennui qui m'é-
tait causé par d'autres peines ; et moi, je
jure devant Dieu, que ces autres peines,
dont du reste, et comme toujours, j'en-
durais seul les angoisses, n'étaient pour
rien dans les innombrables tourments
qu'elle m'a fait éprouver avant la vente de
cette maison, à force d'en dire du mal, et
après cette vente, à force d'en dire du
bien. Avant cette vente, et bien aupara-
vant, cette maison n'était pas bonne à
jeter au chien ; il me fallait journellement
entendre dire : oui, avoir mis tant d'argent pour une maison dont on ne retrou-
verait pas la moitié de ce qu'elle coûte,
une maison inhabitable, où on est empesté
de fumée de charbon de terre et d'odeur
de bitume ; et lorsque dans mes inventaires je parlais d'estimer à 90 ou 100
mille francs toute cette propriété, y compris la partie du fonds vendu peu de
temps après à M. Vatinelle, estimation
que je savais bien être au-dessous de la
valeur réelle. — Oui, me disait-elle, c'est
bien facile de se faire comme cela de la fortune dans un inventaire, en estimant les
choses moitié au-dessus de leur valeur ;
car, ajoutait-elle, je suis sûr qu'on ne trou-

verait jamais 60,000 francs du tout réuni ensemble. Elle n'ignorait pas le mal qu'elle me faisait en parlant de la sorte, en prenant un perfide et injuste plaisir à jeter le découragement dans mon âme, par la dépréciation si exagérée du fruit de mes peines et de mon travail; eh bien! qu'arriva-t-il pour prouver lequel de nous se faisait, comme toujours, un plaisir de tourmenter l'autre injustement. Il arriva que toute cette propriété que j'estimais, moi, au-dessous de ma pensée, mais pour avoir la paix, à 90 ou 100 mille francs, et qu'elle, dans un but tout-à-fait opposé au mien, en ravalait l'estimation à 60 mille francs; il arriva que j'en vendis d'abord à M. Pommier à peu près la moitié, moyennant 81 mille francs, et peu de temps après, je vendis le restant à M. Vatinelle, moyennant 100 mille francs. total : 181 mille francs, au lieu de 60 mille francs. Hélas! pourquoi faut-il que je ne puisse pas prouver. comme en cette circonstance, par des chiffres, la vérité des tourments et des injustices qu'elle m'a fait endurer depuis notre mariage, vous verriez bien que l'amitié paternelle, mes efforts inouis, et l'amour

de mon devoir si incarné en moi, ont pu,
seuls, me donner la force de les supporter;
mais continuons, on serait porté à croire,
qu'en présence d'un pareil résultat, votre
mère a dû faire un retour sur elle-même.
au moins pour cette fois, convenir qu'elle
avait eu tort, que nous étions bien heureux, et que nous devions nous trouver
bien contents d'avoir vendu un si beau
prix; qu'enfin, sous ce rapport, au moins
elle allait me laisser un peu plus de tran-
quillité, qu'elle allait enfin reconnaître
que son mari était bon à quelque chose,
qu'il n'avait pas toujours tort dans ses
appréciations, qu'on pouvait, sinon toujours, mais au moins dans certains cas,
s'en rapporter à son jugement, eh! bien,
non, cette fois encore, il en fut autrement.
Le contrat Pommier ne fut pas plutôt réalisé, qu'elle changea subitement de manière de voir, cette fois, par exemple,
elle ne tourmenta pas que moi, tout le
monde en eut sa part, et j'avoue que je
l'en vis tellement affectée, que je me dis :
que ce soit à tort ou à raison, elle n'en est
pas moins à plaindre, elle a tort, bien
tort, mais enfin elle est malheureuse, je
veux lui porter quelques soulagements,

d'autant plus, que contrairement à ce que
sa ruse lui suggère aujourd'hui, tant dans
ses paroles, que dans ses actions et dans
ses inspirations, tout faisait bien voir
qu'aucune autre préoccupation ne l'oc-
cupait, que le regret d'être dépossédée de
cette maison si jolie, si commode, et où
elle avait ses habitudes, et je le concevais
d'autant plus, que moi-même, je m'en
trouvais un peu déconcerté, et même
pendant un instant un peu affecté.

En cette circonstance, et pendant
cette épreuve de patience de ma part, qui
dura presque un an, et qu'elle n'aurait
jamais dû oublier, j'étais toutefois très
soulagé par la remarque que je faisais,
qu'au moins cette fois elle n'était point
injuste à mon égard ; elle se faisait même
plus de reproches de cette vente qu'à
moi. Cette fois, plus de ces incriminations
contre moi, pour s'excuser, comme cela
lui avait toujours été, et lui est encore depuis si familier ; j'éprouvais de la peine à
la voir et l'entendre, du matin au soir, et
quelquefois la nuit, tenir des raisonne-
ments si contraires à la raison ; mais cette
peine était bien adoucie par le soulagement, que cette fois seulement, mes efforts

de paroles et de convictions apportaient
dans son âme. Oui, me disait-elle, toi
seul comprend ma peine; je l'entendis
même une fois me dire : Que tu es bon !
que je te remercie des consolations que
tu me donnes! tous les autres me parlent
durement, toi seul me parle avec douceur,
et j'avoue que je regardais ces paroles,
auxquelles elle ne m'avait jamais habitué,
comme une récompense bien douce pour
le soin que je prenais avec tant de bonheur à tâcher de la soulager. Malheureusement ce retour vers moi, cet étrange
changement à mon égard, elle ne l'éprouvait que parce qu'il y avait un affaiblissement assez prononcé dans son moral, et
que, d'un autre côté, se trouvant en
but à une peine cuisante et à un regret
qui la tourmentait continuellement, elle
ne voyait que moi qui trouve du bonheur
à la consoler, parce que moi seul pouvait
éprouver le bonheur de ce changement à
mon égard.

J'ai encore sous les yeux la lettre que
vous connaissez, et qu'elle m'écrivit d'O-
gues. Cette lettre si étrange et si tendre
en même temps pour moi, peut-elle laisser aucun doute? Elle prouve jusqu'à l'é-

vidence qu'elle n'était préoccupée de rien
autre chose que de la vente de cette maison ; cette idée fixe était tellement do-
minante chez elle, et si peu produite par
rien qui se rattache à ce qu'elle veut faire
croire aujourd'hui, que tant qu'a duré
cette affection quasi-mentale, elle n'a pas
prononcé une parole ni fait un geste qui
ait trait à cela ; et tout le monde sait qu'au
contraire, en pareil cas, c'est toujours le
motif qui a produit l'affection mentale
qui se reproduit à la bouche des malades,
surtout quand il n'y a pas de raisonnement complet ; qu'au contraire ce n'est
qu'un léger affaiblissement, ou plutôt une
fatigue seulement des organes.

Non, non, c'est bien la vente de sa
maison, et seulement sa maison, qui l'a
mis dans cet état de désespoir ; et cela
est si vrai que toutes autres espèces de
peines, perte de sa mère, de ses frères ou
de ses enfants, auraient disparu devant
le souci qu'elle éprouvait du regret de
cette maison. C'est qu'au contraire elle
n'a recommencé ses injustices à mon
égard, pour cette autre circonstance avec
laquelle elle veut faire une perfide allu-
sion, qu'au fur et à mesure que sa santé

mentale se rétablissait, d'où il résulte que j'ai le triste avantage d'avoir une femme qui n'est, comme une femme doit être avec son mari, que lorsqu'elle est sur le point de perdre la raison, car elle en était bien à peu près là, puisque j'ai eu à lutter contre le conseil du docteur Fiard, qui voulait que je la misse dans une maison de santé.

Enfin, je suis toujours heureux de l'entendre encore quelquefois convenir que j'ai tout fait pour la ramener dans son état naturel de santé; seulement j'ai à regretter que mon mieux a cessé du moment où le sien a commencé. Mais laissons donc ce sujet, car je crois vous avoir surabondamment prouvé que la privation de cette maison est bien la seule chose qui ait produit chez elle ce dérangement dans son moral, et que ce n'est qu'un subterfuge de plus qu'elle emploie pour se rendre plus intéressante.

Maintenant que je crois avoir suffisamment abordé toutes les phases du passé, je veux vous parler du présent, et de mes intentions pour rendre ce présent à l'avenir plus supportable; mais ici votre concours m'est indispensable. Aujourd'hui que j'ai

atteint le but auquel j'aspirais tant, celui
de vous voir tous établis, moins toutefois
Alphonse, duquel j'aurai à vous entrete-
nir plus tard ; maintenant que j'ai cédé
mon établissement à Alexandre, qu'en
un mot je suis retiré des affaires de com-
merce, que j'ai tant supporté de peines
et de soucis pour arriver à ce but, vous
trouverez sans doute juste que je m'oc-
cupe un peu de penser à améliorer mon
existence, et même celle de votre mère ;
car jugeriez-vous assez mal votre mère,
pour penser qu'elle puisse se trouver
heureuse parce qu'elle rendrait votre père
si malheureux ? Non, soyez-en persuadé,
elle n'a jamais compris, et elle ne comprend pas encore tout le mal que sa nature volontaire et désordonnée a produit.
Non, elle ne m'aime pas moins qu'un
autre homme, mais pas plus qu'un autre ;
en un mot, ainsi que je crois l'avoir déjà
dit, elle n'aime pas les hommes, elle ne
m'aime pas. Malheureusement il n'en est
pas d'elle comme de bien d'autres femmes,
chez lesquelles les sensations charnelles
sont aussi mortes que chez elle, mais qui,
à l'égard de leurs maris, savent se dire :
puisque par ma nature froide et excep-

tionnelle, il m'a été impossible de jamais
faire à mon mari les caresses et les ami-
tiés qu'il aurait bien pu trouver en se
mariant avec une autre femme, je veux
l'en dédommager par une bonne amitié
qui, sans être charnelle, n'en partira
pas moins du cœur; s'il m'est impossible
d'attacher aucun prix à ce qui est de ses
qualités physiques, si je ne puis trouver
aucun charme ni rien comprendre à ces
milliers de caresses qu'il trouve, lui, tant
de bonheur à me prodiguer, et qui dé-
rivent de ce sentiment qu'ils appellent
amour, et que je ne puis comprendre, je
saurai au moins lui faire voir que si, par
ma nature, je suis insensible aux impres-
sions charnelles, je suis sensible à ses
bonnes qualités, à ses loyaux sentiments,
non-seulement pour moi, mais pour tout
ce qui m'entoure, notamment pour mes
enfants qu'il aime tant; je saurai lui faire
voir que je lui sais gré de sa persévérance
à me chérir et m'aimer, moi qui ne puis
rien éprouver pour lui. A défaut de cet
amour auquel il eut attaché tant de prix,
je lui donnerai toute autre satisfaction, je
ferai tout pour que la bonne harmonie
règne toujours dans notre intérieur; con-

naissant sa prudence, je l'encouragerai
dans ses entreprises; connaissant son
activité et le savoir qu'il possède dans son
état, je m'en rapporterai entièrement à
lui : jamais de raideur; au contraire,
toujours la douceur me guidera dans les
observations que je croirai justes de lui
faire, sachant, comme je le sais, qu'il n'est
pas homme à s'en prévaloir pour me
rendre malheureuse. Je ne craindrai pas
de lui faire les éloges qu'il pourra mériter; je me porterai plutôt son défenseur
que son accusateur dans toute discussion
avec des tiers; en un mot, puisque je ne
puis et n'ai jamais pu lui accorder d'a-
mour, je lui accorderai toute la considération qu'il peut mériter comme bon
mari, bon père et bon chef de maison.

Eh bien, puisque cette pensée de dé-
dommagement ne lui est jamais venue à
l'idée, qu'elle n'a fait depuis notre mariage que s'attacher à faire le contraire,
que si la désunion, la discorde, n'ont
pas produit la séparation, et par conséquent la perte de notre maison, ce n'est
que ma persévérance et mon désir acharné
de vous faire un avenir qui ont empêché

tant de calamités, puisque ayant épuisé tous les conseils, je n'en ai plus à lui donner. Finirez-vous donc enfin par voir que vous seuls pouvez, en procurant un peu de soulagement à votre père, sauver votre mère et votre avenir de l'orage qui, à force de gronder, est près d'éclater sur nos têtes. Si ce n'est pas pour moi, que ce soit pour elle : lui refuserez-vous donc toujours l'assistance du secours de vos conseils? Je ne suis certainement pas jaloux de l'amitié qu'elle vous porte par nature toutefois ; mais cet ascendant que vous donne cette amitié, ne pouvez-vous mieux l'utiliser qu'en restant sourd à tant d'avertissements? ne voyez-vous pas que votre silence serait un silence coupable, puisqu'il compromettrait tout? ne voyez-vous pas que la coupe du dégoût et du découragement est pleine, que le mobile qui me faisait tout supporter n'existe plus? Puisque vous voilà tous mariés et établis, je dis tous, parce que, à l'égard d'Alphonse, vous connaissez mon opinion, je dirai même ma conviction : c'est que je crois qu'il compromettra bien plus son avenir en se mariant qu'en restant garçon ; dans tous les cas, mon opposition à cet égard ne se produira jamais sous d'autre forme que sous celle d'un avis paternel, et, si on le veut absolument, sa dot ne lui manquera pas plus que l'intérêt que lui portera son père aussi bien qu'à vous tous.

Peut-être, dites-vous, à quoi bon nous mêler de cela ? Voilà vingt-huit à trente ans que notre père se débat dans une existence pour laquelle, à dire vrai, il n'était pas né ; mais enfin il s'y est fait. Cette existence pénible et orageuse ne l'a pas empêché de mener sa barque à bon port et avec de bons résultats. Eh bien, puisqu'il a bien supporté toutes ces peines de cœur et d'intérieur, avec les tracas d'affaires si sérieuses et si contentieuses qu'il avait, aujourd'hui qu'il est hors ses affaires, il les supportera encore bien mieux. Eh bien, non ; vous auriez tort de porter un pareil jugement. Avant de vous avoir mariés et d'avoir cédé à votre frère, à moins de compromettre vos intérêts qui m'ont tant fait supporter de tortures, je ne pouvais penser à faire ce que je puis faire aujourd'hui. Ce qui vous aurait fait grand tort à cette époque, je puis le faire aujourd'hui sans que vos intérêts en souffrent; ainsi donc, croyez-moi, regardez cette déclaration si étendue avec tout le sérieux qu'elle mérite, et surtout ne venez pas me dire, comme toujours : tu ne devrais pas faire attention à tout ce que dit maman; tu connais bien maman, il faut la laisser dire. Non, n'y comptez pas; et d'ailleurs, il serait par trop injuste à vous de prétendre que parce que, pour votre bien-être, j'aurais supporté trente années de peines, toutes plus cuisantes les unes que les autres, je dusse les supporter toujours. Vos cœurs seraient-ils assez durs pour votre père, pour lui refuser de lui tendre une main secourable, alors qu'il ne peut rien, et que vous pouvez tout sur le caractère de votre mère.

Il me serait impossible d'énumérer ici en détail chacune de ses injustices à mon égard; une seule vous suffirait pour vous donner une idée du mauvais vouloir dont cette tête, unique dans son genre, est capable. Je veux vous parler d'un jour où, étant malade au lit, je la priai de me donner une chemise : elle m'en offrit une à laquelle je trouvai quelque chose à redire. Je lui en fis part avec les ménagements que vous savez que j'ai toujours pris pour lui parler. Elle me reprit la chemise des mains avec humeur, et s'en fut à une armoire, chercha dans le linge que j'avais étant garçon, avec l'intention de retrouver dans le nombre de mes chemises, deux d'entre elles que j'avais conservées, sans même le savoir, et qui me venaient de mon régiment, avant que je ne fusse gradé; c'était, par conséquent, des chemises de soldat en grosse toile. Elle revint à mon lit avec la même humeur, en me disant : puisque cette chemise-là ne te convient pas, en voilà deux que tu as apporté en te mariant, et elle s'en fut. Mon cœur fut saisi d'une émotion douloureuse si profonde, que je ne saurais vous l'exprimer, et cependant à laquelle je cédai en pleurant, en lui disant : Je t'en prie, reviens, viens m'embrasser, ne me laisse pas croire que tu sois capable d'une méchanceté si noire ! Hélas ! pourtant il n'y avait peut-être pas deux ans que nous étions mariés, que lui avais-je fait pour mériter un pareil affront, une pareille dureté ? Absolument rien, croyez-le bien.

Oh ! non, vous ne savez pas ce que j'ai souffert pour vous, et sans chercher en aucune manière à vous indisposer contre votre mère, comparez un peu lequel de nous deux, elle et moi, a le plus fait pour le bien de votre avenir ; car il ne suffit pas de dire aux enfants qu'ils sont vos enfants, qu'on les aime, il faut leur prouver par les peines et un travail assidu, et du côté de la femme, c'est surtout par une persistance et un soin de tous les instants à maintenir la bonne harmonie du ménage, en aimant le père de ses enfants, surtout quand il le mérite ; c'est ainsi que la femme, sans travailler autant que son mari, contribue autant que lui à la prospérité de la maison, parce qu'en le rendant heureux dans son intérieur, elle double et elle triple les facultés de ce mari qu'elle aime et dont elle est aimé, et les résultats du travail de ce même mari suivent la même progression ; il y en a même qui le font quand le mari ne le mérite pas. Combien alors sont coupables celles qui ne le font pas, quand le mari le mérite,

autant que j'ose me vanter de l'avoir mérité ; et pourtant votre mère s'est placée dans
cette dernière catégorie, et pourtant tout
le monde, vous aussi, moi-même, disons
c'est une bonne mère. Oui, elle a tout fait
pour ses enfants ; oui, mais moins le plus
essentiel. Si comme elle le père n'avait
écouté que la volonté de sa nature, la mi-
sère seule eût été le partage de ces mêmes
enfants. Serait-il donc vrai qu'elle vous
aurait plus aimé que moi, parce qu'elle
aurait risqué de vous priver de l'appui
de votre père, et que je vous aurais moins
aimé, moi, parce que j'aurais supporté tant
d'affront à persister d'aimer votre mère,
alors qu'elle ne m'aimait pas. Réfléchissez
donc, et vous verrez qu'aucune considération ne l'a arrêtée, pourvu qu'elle se
donne raison, tandis que moi, au contraire, vous me verrez constamment,
pendant trente années de ma vie, navi-
guant dans ce péril extrême, endurer tout
pour ne pas compromettre ces mêmes
intérêts. Malheureuse femme, qui n'a jamais su ajouter aucun prix au bonheur
qui l'entourait, habituée, comme elle l'é-
tait, à être adulée par une mère aveuglée

d'un amour maternel sans exemple. Elle aussi, pourtant, cette mère, n'aimait pas son mari; mais je dois répéter qu'à mes yeux l'incapacité de cet homme fut une excuse bien forte pour elle, tandis que votre mère, sans se donner la peine d'établir la différence qu'il y avait, sans me vanter, entre son père et moi, et entre sa mère et elle, pensa tout uniment qu'il était tout naturel d'en agir de la même manière que sa mère, ce qui, du reste, fut bien près de lui réussir; car je me rappelle que de faiblesse en faiblesse j'étais devenu si faible, que je me pris un jour à me dire : alors, c'est fini, je tourne *au père Taveau*, c'est-à-dire à l'être rapetissé, rabêti, amoindri, énervé, à la nullité de l'homme; en un mot, je ne voyais devant moi d'autre perspective que l'abrutissement m'entraînant à l'idiotisme, aussi bien que le père Taveau. Ce fut dans un moment de désespoir, et bien avant de prendre aucun parti, qu'en me parlant à moi-même je prononçai ces paroles mot pour mot.

Mais revenons au présent, je vous le répète, croyez-moi, ce serait votre silence

qui compromettrait tout; il y va de vos
intérêts. Je suis tout disposé à continuer
de vivre avec elle, mais je veux y vivre en
paix, et pour cela, il faut qu'elle cesse d'in-
quisitionner tous mes instants; que pour
obtenir qu'elle déride sa figure, je ne sois
pas obligé de venir réciter, chaque fois
que je rentre, les motifs qui m'ont fait
sortir ou qui m'ont fait rentrer une demi-
heure ou un quart-d'heure plus tôt ou
plus tard; qu'elle cesse toutes ces remar-
ques et ces questions détournées qui m'o-
bligent journellement, comme elle le dit
fort bien et si maladroitement, à lui faire
des cachoteries. Des cachoteries, mais
elle n'a donc pas même le discernement
de comprendre que ces cachoteries ne sont
autre chose de ma part, qu'un supplice
que je m'impose pour la soustraire à l'injuste mécontentement qu'elle en éprou-
verait, si je lui disais ce que je lui cache.
Elle ne comprend donc pas que, du jour
où je cesserais ces cachoteries, je cesserais en même temps de prendre part à sa
position imaginaire, qu'elle dit être heureuse, parce qu'elle ne comprend pas
combien elle pourrait encore être heu-

4*

reuse avec un pareil homme, et encore qu'y a-t-il maintenant de caché sous ces cachoteries? Il y a de caché une chose qu'elle devrait justement me prier de faire, si je ne la faisais pas, c'est-à-dire, aller de temps à autre passer moins d'une demi-heure auprès de cette jeune femme qui ne doit son existence dans ce monde qu'à la malheureuse et infernale nature du càractère de votre mère. J'avoue qu'il m'en coûte d'être obligé de me cacher pour remplir ce devoir ; oui, ce devoir si moral, si naturel, et dont je m'honore tant, et qu'elle sache donc bien que le rouge me monte au front, quand je suis obligé de lui cacher cette démarche si juste de ma part, qu'elle sache donc que j'en rougis plus encore pour elle que pour moi, car cette démarche est la seule qui, peut-être devant Dieu, atténuera un peu la faute que j'ai commise, en trahissant cette foi conjugale, de laquelle je m'étais tant promis de ne jamais m'écarter, et de laquelle je crois bien, du plus profond de mon âme, que je ne me serais jamais écarté, si j'avais eu le bonheur d'être d'abord compris et apprécié, et ensuite aimé par ma femme. Si elle savait combien de fois j'ai formé le projet de cesser cette fréquentation, et que sitôt que je me trouvais dans cette disposition, il semblait qu'elle prenait à tâche de m'empêcher de la réaliser, le pire succédait si rapidement au mieux, qu'il semblait qu'elle devinait mes intentions, pour m'empêcher de les accomplir; non, cette organisation ne peut rien raisonner de juste. Ainsi donc, c'est à vous de lui faire comprendre que, non seulement elle ne devrait pas me faire un reproche de ces cachoteries, mais qu'elle devrait au contraire, au fond de son âme, m'en savoir obligation, puisqu'en allant visiter cette enfant, je vais faire visite à l'enfant issu des travers de la conformation de sa propre nature, je ne vous dirai pas de sa volonté, car je vous le répète, elle n'a jamais su en avoir; c'est sa nature, toujours sa nature qui a agi, et voilà tout. Le raisonnement, jamais, avec moi du moins. Vous seuls maintenant, mes enfants, pouvez y parvenir, et j'y compte; car il n'est pas possible que vous n'ayez rien de mieux à faire pour moi, que d'étouffer mes plaintes que j'ai si longtemps concentrées en moi-même pour ne pas vous affliger ; mais comme je vous l'ai déjà dit, en commençant cette lettre, il faut un terme à tout, eh bien, ce terme est arrivé.

Il n'est pas possible qu'aucun de vous, ni de ses propres parents, n'ose élever la voix pour m'accuser ouvertement. Si je suis cet homme injuste, coupable d'avoir méconnu sa tendresse et sa considération pour ma personne, ainsi qu'elle s'efforce à le faire croire en reniant tous ses torts, ou si cela n'est pas, lui faire comprendre qu'alors qu'il en est temps encore, elle doit conserver à elle-même et à ses enfants ce mari, ce père qu'elle a le bonheur de retrouver malgré tout, en ce moment, dans de si heureuses dispositions pour elle.

Je viens de dire qu'aucun de ses parents n'ose élever la voix : en effet, c'est une remarque à faire que si elle a eu raison et moi tous les torts, elle serait bien à plaindre de ne jamais, jamais une fois, avoir trouvé un seul de ses plus proches parents, soit son frère aîné défunt, soit son frère Alexandre, soit sa mère même,

sa mère elle-même, qu'aucun d'eux soit
venu lui prêter l'assistance de leur parole
et de leur conviction, pour m'adresser les
reproches que mon injustice et mes mauvais procédés à son égard auraient pu me
mériter. Sa mère qui n'a pas pu trouver
dans mes torts au vis-à-vis de sa fille le
moyen de répondre aux différentes lettres
que je lui adressais, eh bien, avant de
penser à cette faute, aussi bien qu'au vo-
lume de notes que je tenais caché, et que
votre mère a trouvé et m'a soustrait, dans
lesquelles, pour me consoler de ne pouvoir les conter à personne, j'enregistrais
les plaintes et les souffrances que ma malheureuse position me faisait endurer; et
certes, c'était également bien avant de
penser à prendre ce parti qui lui est si
précieux aujourd'hui. Si elle a encore ces
notes, qu'elle aie donc le courage de les
faire voir; elles feront connaître ce que
j'ai fait et dit pour empêcher ce qui est
arrivé. Eh bien, tout le monde est resté
muet, sa mère aussi bien que ses frères.
Eh! bon Dieu, la raison en est simple,
c'est qu'ils n'avaient qu'un reproche à
m'adresser, et qu'ils ne pouvaient pas me

faire, parce qu'elle était leur fille et leur sœur, c'était de l'avoir trop adulée, et d'avoir manqué de fermeté à son égard. Et cet autre témoignage de cette faute irréparable qui a créé toutes les autres, cet incontestable témoignage qui, à défaut de tant d'autres, ferait voir à lui seul dans quelles mauvaises dispositions votre mère a contracté ce second mariage. Je veux parler du jour où Estelle, ne sachant pas que je l'écoutais, disait à sa mère : *Mais, maman, de quoi te plains-tu donc, puisque tu n'aimais pas papa ?* Ayant déjà une fois eu occasion de le remémoirer à Estelle, dans une lettre que je lui écrivais, elle ne l'a pas nié, parce qu'elle s'est bien rappelé qu'elle avait, en effet, prononcé ces paroles si innocentes pour l'âge de seize ans environ qu'elle avait à cette époque, et en même temps si pleines de vérité.

Recommandez-lui surtout qu'elle cesse donc de se faire un perfide amusement de me faire concevoir un jour une lueur d'espoir qu'elle s'empresse de détruire le lendemain. Qu'elle cesse de se faire une cruelle distraction de me voir tout rayon-

nant d'espérance, croire que je tiens ce
bonheur d'intérieur après lequel j'aspire
depuis si longtemps, pour se donner cette
autre distraction de me voir en butte à la
douleur d'un homme qui, ayant quitté sa
femme le matin dans les meilleures dispositions, retrouve en rentrant chez lui
la même femme dans les dispositions les
plus contraires, n'ayant plus, sans lui
donner aucune raison, qu'à lui offrir un
regard farouche et dur, et ne répondant
aux questions si bonnes qu'il ne peut
s'empêcher de lui faire, que par des mo-
nosyllabes ou un silence des plus outra-
geants, et attendant chaque fois, pour re-
devenir plus agréable, que son pauvre et
faible mari se soit épuisé, comme il l'a
fait depuis trente ans bientôt, en vaines
supplications. Je sais bien que vous me
direz : Eh bien, ne suppliez plus ; on vous
boude, boudez ; on est cruelle, soyez
cruel. Et, sans doute, je sens bien que
tout le remède est là ; mais le puis-je
maintenant ? lorsque depuis trente ans environ que cela dure, je n'ai pu y parvenir
une seule fois. Non, il m'est arrivé une
seule fois de vouloir partir au spectacle

pour me distraire d'une peine semblable,
il m'a fallu revenir sans attendre la fin du
premier acte. — Et depuis, je n'ai jamais
osé recommencer; faut-il encore y essayer
maintenant?

Dites-lui que pour ne pas la priver de
ce qui fait sa vie, j'endurerai encore toutes
ses injustes contradictions, toutefois
qu'elles n'auront de rapport qu'avec nos
affaires d'intérêt, qu'elle pourra continuer
comme par le passé, c'est-à-dire, depuis
le premier jour de notre mariage, à ne jamais être de mon avis, quand bien même
ses contradictions seraient d'une mons-
truosité d'injustice aussi forte que beaucoup de celles que j'ai eu à endurer dans
ces derniers temps, tel que cette propriété
du canal de laquelle, ainsi que je l'ai déjà
dit, on ne trouverait, suivant elle, jamais
plus de 60 mille francs, et que j'ai vendu
181 mille francs la maison de l'anglais, à
Neuilly, dont on ne devait jamais trouver
plus de 900 francs de loyer, et que j'ai
louée 1,500 francs par bail à un locataire
excellent, j'endurerai également sa critique amère et si souvent répétée, d'avoir
eu tort de faire au quatrième étage, à la

grande maison avec le pronostique consolant, que cet étage ne se louera jamais, tel encore que le terrain sur lequel j'ai bâti cette maison de l'anglais, y compris celui vendu en dernier à M. Chaussegros, des quels deux réunis on ne devait jamais trouver 5,000 francs, et dont moins de la moitié a été vendu 6,500 francs, ce qui fait 13,000 francs au lieu de 5,000 francs qu'on ne devait pas même trouver ; également les reproches si peu mérités qu'elle m'adresse journellement, et à bout portant d'avoir eu tort de mettre : Alphonse, horloger , alors qu'elle sait pertinemment qu'après avoir tâté de bien des états, je n'ai mis aucune volonté d'entêtement pour qu'il soit horloger, que je n'ai émis que cette opinion , que toutes les fois que les dispositions d'intelligence d'esprit manquent, il faut avoir recours aux dispositions manuelles, encore les reproches si peu mérités qu'elle me fait d'avoir gâté, à moi seul, et vous tous, et son propre fils, de ne jamais l'avoir soutenue contre vous, et vous savez si jamais je vous ai conseillé de manquer à votre mère, comme aussi me soutenir, que pour preuve, que j'avais gâté Claire plus qu'elle, je m'étais opposé à son désir de la mettre chez une lingère, certainement, je m'y suis opposé, et pour cela, sans mériter le reproche de l'avoir gâté, et en effet, voyez-vous, votre sœur, sa fille, la fille de Mme Poulain. Claire, en un mot, demoiselle de boutique chez une lingère, voilà pourtant ce qui, il n'y a pas huit jours, a été le sujet d'une scène qui a durée quatre heures d'horloge; enfin mille autres tracasseries de ce genre. Oui, dites-lui que je continuerai à endurer tout cela, mais que dut-il m'en coûter la vie par le chagrin que j'en éprouverai, je n'endurerai plus qu'elle continue à m'accabler de son infâme système, qui consiste à me transformer en un criminel, condamné à un supplice perpétuel aussi dur que celui de se voir livré au mépris, et flagellé par la main même de celle qui l'a entraîné dans le précipice du crime, même qu'elle vous reproche, par le mépris, qu'elle a fait la première des obligations que la loi du mariage impose à la femme, car enfin, notamment, au mariage divin, le prêtre ne désigne-t-il pas la femme comme ayant la mission spéciale

d'user de tous les charmes que la nature,
par la volonté de la providence, lui a pro-
digués pour captiver le cœur de son mari,
en employant toute la douceur, la patience,
et au besoin la résignation momentanée,
toutefois afin que son mari, quoique in-
vesti par la force de sa nature et par les
lois de tant de pouvoir, ne puisse résister
au désir de n'aimer que sa femme, et rien
que sa femme; et à cette occasion, votre
mère a-t-elle jamais, par le plus petit soin
ou assujétissement le plus minime, fait
voir à son mari qu'elle attachait le moindre prix à son amitié, ni même à sa fidélité, dont elle veut avoir l'air de tant se
préoccuper aujourd'hui, ne l'a-t-on pas
toujours vu, plus encore pendant cette
première période, qu'à présent s'affubler
d'habillement si négligé, qu'on ait jamais
pu trouver sa pareille, poussant la négli-
gence et le peu de soucis de complaire, en
quoi que ce soit, à son mari, jusqu'à mettre un tour en faux cheveux pour ne pas
prendre la peine d'arranger les siens, qui
etaient tellement beaux à cette époque, où
elle n'avait que vingt-cinq à trente ans,
qu'ils sont encore beaux aujourd'hui

qu'elle en a cinquante-quatre. Mais revenons : A défaut d'amour charnel, ne lui
est-il pas recommandé l'amour du cœur,
cet amour si honnête et si durable,
qui consiste à faire de son mari son
second elle-même, de puiser ses pensées dans les siennes , de s'identifier
avec ses convictions , toutefois cependant. qu'il ne lui est pas démontré
que l'être qu'elle a pris pour époux en
soit indigne; mais lorsque, au contraire,
elle sait et elle voit en son particulier, et
que tout le monde remarque dans la société, que cet époux, en la prenant pour
femme, n'a été mû par aucun autre sentiment, par aucun autre désir, par aucune autre pensée que celle d'aimer cette
femme, de n'aimer qu'elle, de la désirer
sans cesse, de ne travailler et de ne vivre
que pour constamment contribuer à son
bonheur présent et futur, de l'aimer non
seulement en sa personne, mais encore
en la personne de tous ceux qui la tou-
chent ; si elle est veuve, avec un enfant,
de prodiguer à cet enfant autant d'amitié
paternel qu'à ses propres enfants ; car je
ne pense pas qu'elle oserait soutenir,

comme elle me l'a déjà dit, que je l'eusse
épousé par intérêt. Quand je la prenais
avec cet enfant, je savais bien que j'aurais à sa majorité à lui rendre tout son
bien, dont je n'étais que le gardien, et on
a vu que, grâce à ma manière de fructi-
fier et améliorer ce bien, qu'au lieu de
ne recevoir que les 27,000 francs qui
lui revenaient, il en a reçu 43,000.
Dieu m'est témoin, d'ailleurs, si je prê-
tais la moindre attention à la lecture de
notre contrat de mariage; mes bonnes intentions pour elle et son enfant, et l'espoir d'un travail assidu productif, voilà
les seuls intérêts qui me guidaient au
jour où je l'ai épousé? Parlera-t-on d'argent comptant? Elle avait 200 francs en
or, et moi 300 francs, qui m'ont été rem-
boursés dans les premiers six mois. Lorsque cet homme, dis-je, se livre corps et
âme à sa femme, avec des dispositions
pareilles, n'est-ce pas alors que les obligations de la femme, par cela même
qu'elles deviennent plus faciles, lui sont
plus impérieusement commandées? Ne
sont-ce pas là les dispositions qu'une
femme doit apporter à l'autel, lorsqu'elle

veut contracter mariage, et celle qui s'y
présente avec des dispositions contraires,
n'est-elle pas plus coupable encore lorsque c'est un second mariage qu'elle contracte, et qu'ainsi que je vous l'ai déjà
dit, elle a vingt-cinq ans, et est mère d'un
enfant de cinq ans et demi? Et lorsque
pour se justifier de ce qu'elle a fait et de
ce qu'elle fait, et de ce qu'elle fera de
contraire à ce qu'une femme doit faire
pour faire un bon ménage, elle croit
s'absoudre en venant vous dire, après le
mariage, je ne me suis mariée que par
obéissance. Grand Dieu! cette obéissance,
madame, au jour de votre mariage, sans
le dire non seulement à l'homme que
vous épousiez, mais surtout au prêtre
qui recevait votre serment, voilà ce qui
constitue le crime, le véritable crime, qui
n'a même pas, comme cet autre crime,
l'excuse des passions dominantes auxquelles est exposé le genre humain. Ce
crime que vous me reprochez tant, après
m'y avoir poussé malgré moi, ce crime
avec sa suite et ses conséquences qui
sont bien plus pénibles pour moi que
pour vous, ne vous est pas si désagréable

que vous vous efforcez à le faire croire ;
car sans lui, sans cette faiblesse à laquelle
vos dédains et vos injustices m'ont conduit, quel moyen vous resterait-il d'apitoyer sur votre sort? Avec ce motif, au
contraire, vous pouvez, à l'aide de vos
dénégations, des plus grandes vérités, gé-
mir et larmoyer tout à votre aise; en un
mot, vous me faites un crime d'une faute
que vous n'êtes pas fâchée que j'ai commise, et je vois même, par les tourments
dont vous m'abreuvez encore tous les
jours, que vous ne seriez pas fâchée
qu'un nouveau dépit me pousse à une
nouvelle faute; le mal qui en résulterait
ne serait rien pour vous, pourvu que vous
parveniez à vous donner raison. Oui, en
effet, je crois m'apercevoir que depuis
quelque temps vous joignez à toute votre
comédie celle de la jalousie d'une autre
femme encore ; perfidie bien grande de
votre part, qui n'est que la suite de votre
dureté qui, voulant qu'on ne me voie que
comme un guilleret libertin, vous portant
à faire semblant de ne pas voir que, depuis que mon isolement et mon découragement m'ont conduit à manquer à cette

foi conjugale, je suis en butte, à l'aide
des peines dont vous n'avez cessé de me
nourrir, à des peines et des tristesses de
cœur, qui ne laissent pas de place dans
mon âme pour penser à d'autres femmes.
C'est par trop vous jouer de mon malheur que de me prêter de pareilles idées ;
ce que je désire maintenant c'est de persister à remplir mon devoir, uniquement
moral, envers des existences que j'ai
compromises, et que Dieu me donne
la force et le courage nécessaires à
supporter jusqu'au bout les tourments
injustes dont vous m'abreuvez. Quant
aux autres femmes, vous avez, par vos dédains, poussé vers une autre des sensations qui n'auraient dû appartenir qu'à
vous seule ; mais soyez sans inquiétude,
une troisième personne, quelque chose
qui arrive maintenant, ne vous donnera
jamais la satisfaction de pouvoir dire avec
vérité ce mot si blessant pour moi : *Il a
fait une autre maîtresse.* Une maîtresse !
mais que voudriez-vous donc que j'en
fisse, et que ferait-elle de moi ? Vous
seule, si vous le vouliez encore aujour-
d'hui, seriez la seule maîtresse avec la-

quelle je pourrais retrouver ma gaîté ;
mais votre caractère que vous ne sauriez
dompter vous-même, nous privera pour
toujours, malheureusement, d'un si grand
bonheur, puisque vous ne pourriez y
arriver qu'en changeant tout-à-fait de
système et de manière de voir et d'agir.
Mais revenons-y donc pour la dernière
fois : ce crime de contracter un second
mariage par obéissance, dans votre position et à votre âge, est un crime capital,
en ce qu'il n'a aucune excuse, et dans les
circonstances qui se sont passées dans
notre intérieur, pendant les sept premières années de notre ménage, et dont
j'ai donné un si grand et véritable détail,
dans ces circonstances si aggravantes
pour vous, c'est ce crime commis par vous,
au premier jour de notre mariage, qui
est le père de celui que vous me reprochez ; car sans le vôtre et toutes les circonstances qui en ont été la conséquence,
le mien n'aurait jamais pu être commis
par moi.

Voilà, mes enfants, la tâche que vous
avez à remplir, c'est de faire comprendre
à votre mère que la faute qu'elle me re-

5

proche est solidaire entre nous deux ; que
la paix peut encore régner dans notre
intérieur, mais à la seule condition que
votre mère sentira enfin qu'elle ne doit,
ni qu'elle ne peut toucher en aucune manière la corde de cette circonstance, ni
directement ni indirectement, ni par paroles ni par par mauvaise mine, et moins
encore par mauvaise mine que par parole,
car la parole, je la comprends, tandis que
la mauvaise mine ,je me perds en conjec-
tures, j'étouffe du désir de savoir pourquoi on me boude, et cette alternative, si
souvent répétée, me mine et me tue sans
pourtant pouvoir me faire mourir, que
puisqu'elle n'a pas la force de m'aider
dans l'acquit d'un devoir qui est aussi
bien le sien que le mien, elle me laisse
m'en acquitter seul, mais sans jamais
porter ses regards de ce côté, enfin qu'elle
renonce à vouloir faire d'elle et de moi ce
que nous ne sommes pas ni l'un ni l'autre,
elle, cette femme aimante injustement
malheureuse par son mari, et moi, cet
homme dénaturé qui aurait méconnu tant
de tendresse de la part de cette femme,
pour ne céder qu'à la brutalité du liber-

tinage, comme le vous l'ai déjà dit : Elle
n'est pas cette femme, je ne suis pas cet
homme.

Maintenant que je crois avoir tout dit,
si vous ne pouvez obtenir de votre mère
ce que je vous demande, et que vous
vouliez éviter une séparation scan-
daleuse pour votre maison, imaginez,
trouvez un moyen de nous éloigner le plus
souvent possible l'un de l'autre, en con-
servant, de concert avec moi, les appa-
rences d'un bon ménage, le plus qu'il
sera possible ; mais enfin, par tel moyen
que vous préférerez, faites que ma position d'intérieur change, si non je de-
manderai la séparation ! Car, enfin, de
quel droit, je le demande, une femme
peut-elle s'approprier l'existence entière
d'un homme, en vertu de la loi du mariage qu'elle fausse, en ne déclarant pas
ce qu'elle pense, et une fois qu'elle le
tient, faire de toute cette existence un
supplice de chaque jour, au mépris de
tant de bons sentimens que cet homme
éprouve pour elle, et ses enfants qu'il
aime plus que sa vie ? Et il serait interdit
à cet homme de chercher à sortir d'une

position pareille? Non, cela n'est pas possible. Il m'en coûtera, croyez-le bien, il m'en coûtera beaucoup, mais je ne puis plus y tenir.

Un dernier mot. Le langage que vous devez lui tenir est celui-ci : Ecoute, maman, tu auras beau faire et dire, tu ne détruiras pas cette grande vérité : que notre père a toujours été un homme chez lequel l'amour de l'intérieur est attaché comme la glue est attachée après les arbres. Ce qu'il y a eu toujours, et ce qu'il y a encore de plus malheureux, c'est que tout ce que tout le monde voit, tout ce que tout le monde remarque, toi seule ne le voit pas, ne le remarque pas. Faites-lui donc apercevoir ce qu'il y a d'extraordinaire après avoir souffert, avoir gémi, avoir langui, et souvent fléchi sous le poids de près de trente années de dégoût et de découragement, de me voir encore aujourd'hui si plein de cet amour de mon intérieur, que ce que je désire le plus, serait de la voir prêter enfin l'oreille à la raison, à la bonne foi, à la justice, en un mot, sinon, puisque son caractère indomptable ne lui permet pas, en convenant que le mal dont elle se targue tant, et que pourtant j'ai toujours supporté seul, vient du malheur qu'elle a eu de n'avoir jamais su apprécier ce qu'il y avait de précieux, pour elle et pour vous tous, mes enfants, dans ce cœur si ardent, à ne penser et à vivre que pour cet intérieur ; si, dis-je, elle ne peut pas en convenir, qu'elle arrête donc au moins aujourd'hui, puisqu'elle le peut encore, cette source de tant de mal qu'elle n'a cessé de faire, non seulement à moi, mais encore à vous, ses enfants, tout en protestant de son amour maternel pour vous, amour vrai, mais sans discernement aucun.

Je laisse tout maintenant à votre discrétion,

Et suis pour la vie,

Votre bien malheureux père.

www.ingramcontent.com/pod-product-compliance
Ingram Content Group UK Ltd.
Pitfield, Milton Keynes, MK11 3LW, UK
UKHW022321070726
13614UKWH00002B/871